HEYNE
BÜCHER

W0180179

Stichwort

Philosophie

Thomas Hammer

Originalausgabe

WILHELM HEYNE VERLAG
MÜNCHEN

HEYNE SACHBUCH
Nr. 19/4071

FACHLEKTORAT:
Matthias Ohnsmann

REDAKTION:
Katrin Wilke

GRAFIKEN:
Ralph Jenette, Axel Weiss

KONZEPTION UND REALISATION:
Christine Proske
(Ariadne Buchproduktion)

2. Auflage

Copyright © 1995
by Wilhelm Heyne Verlag GmbH & Co. KG, München
Printed in Germany 1996
Umschlaggestaltung: Kaselow-Design
Herstellung: H + G Lidl, München
Satz: Satz & Repro Grieb, München
Druck und Verarbeitung: Pressedruck, Augsburg

ISBN 3-453-08781-X

Inhalt

I. Die abendländische Philosophie auf einen Blick

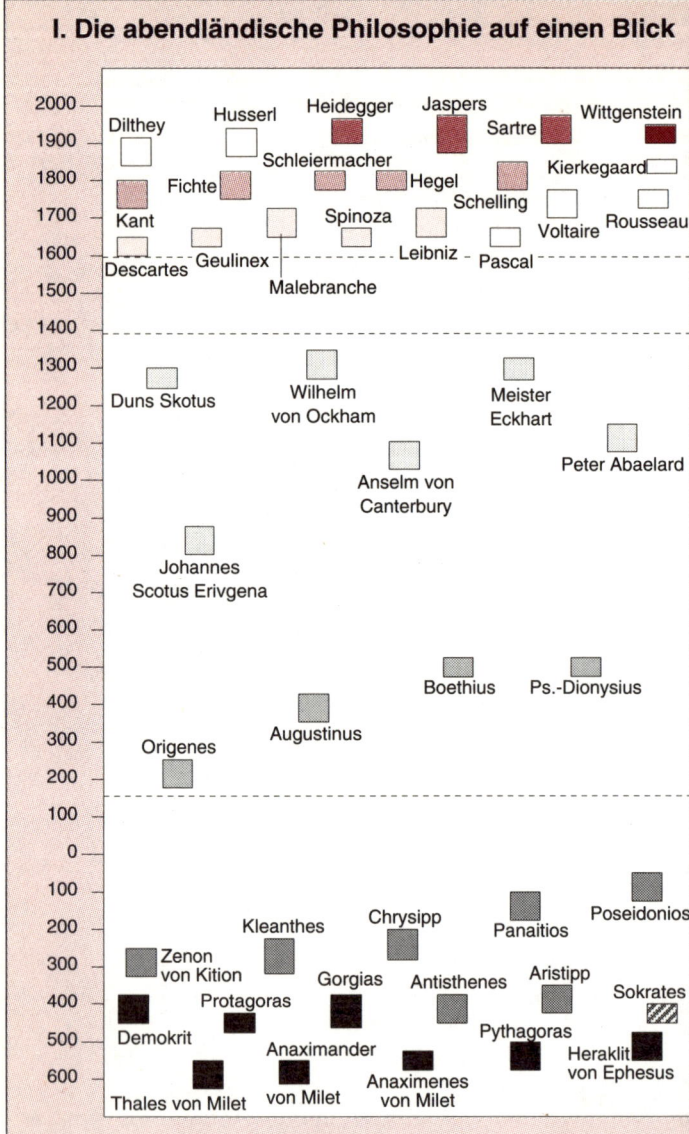

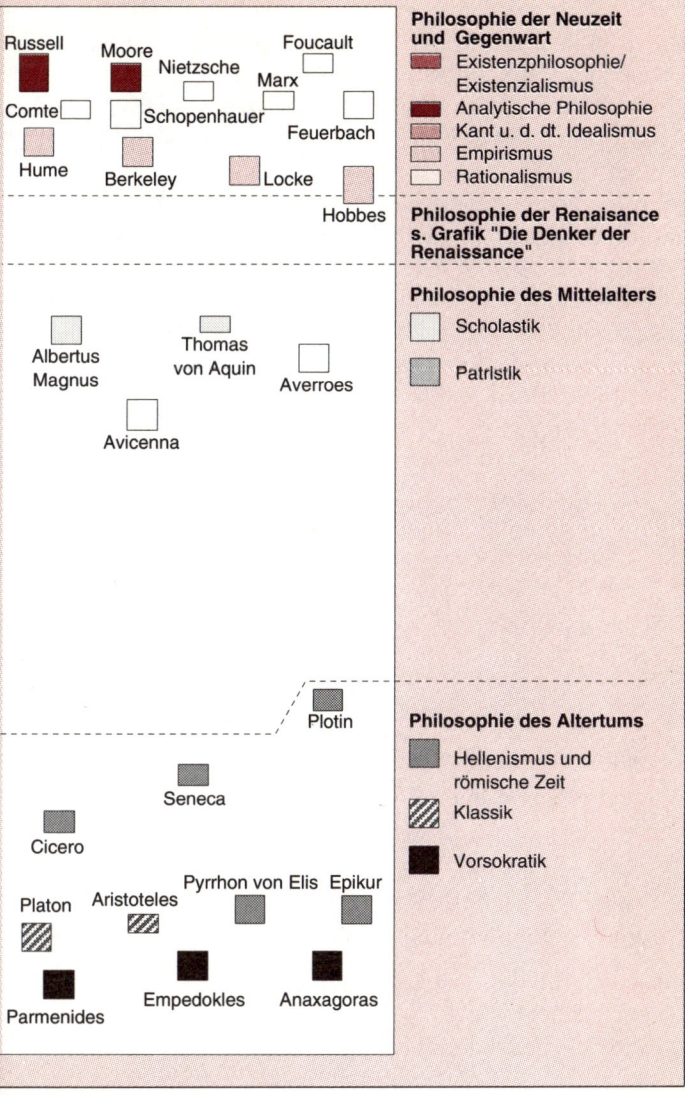

Philosophie der Neuzeit und Gegenwart

Russell
Moore
Nietzsche
Foucault
Marx
Comte
Schopenhauer
Feuerbach
Hume
Berkeley
Locke
Hobbes

- Existenzphilosophie/ Existenzialismus
- Analytische Philosophie
- Kant u. d. dt. Idealismus
- Empirismus
- Rationalismus

Philosophie der Renaissance
s. Grafik "Die Denker der Renaissance"

Philosophie des Mittelalters

Albertus Magnus
Thomas von Aquin
Averroes
Avicenna

- Scholastik
- Patristik

Plotin
Seneca
Cicero
Platon
Aristoteles
Pyrrhon von Elis
Epikur
Parmenides
Empedokles
Anaxagoras

Philosophie des Altertums

- Hellenismus und römische Zeit
- Klassik
- Vorsokratik

II. Was ist Philosophie?

Unter Philosophie versteht man zumeist die Universitätsphilosophie mit wissenschaftlichem Charakter. Die Philosophie hat jedoch einen anderen Ursprung: Sie beschäftigt sich mit den Urfragen, die sich den Menschen stellten, als er begann zu reflektieren, und die jeder einzelne als vermeintliche Kinderfragen kennt: Warum bin ich ich und kein anderer? Warum ist überhaupt etwas? Was ist Wahrheit? Was ist gut? Stellen sich *philosophische Grundfragen* jedem Menschen ursprünglich und neu, so sind sie doch auch immer Teil eines Traditionszusammenhangs, sie stehen im Zusammenhang mit einer bestimmten Kultur und stellen sich in einer bestimmten Sprache.

1. Die Schwierigkeiten einer Bestimmung

Es ist äußerst schwierig zu definieren, was Philosophie ist. Dies liegt daran, daß sie im Unterschied zu den Einzelwissenschaften keinen besonderen Wirklichkeits-

---

Philosophische Grundfragen

Nach Immanuel Kant (1724–1804) sind die Grundfragen der Philosophie folgende:

1. Was kann ich wissen?
2. Was soll ich tun?
3. Was darf ich hoffen?
4 Was ist der Mensch?

Da sich die drei ersten Fragen auf die letzte beziehen, schließt die Frage nach dem Menschen, so Kant, alle anderen mit ein.

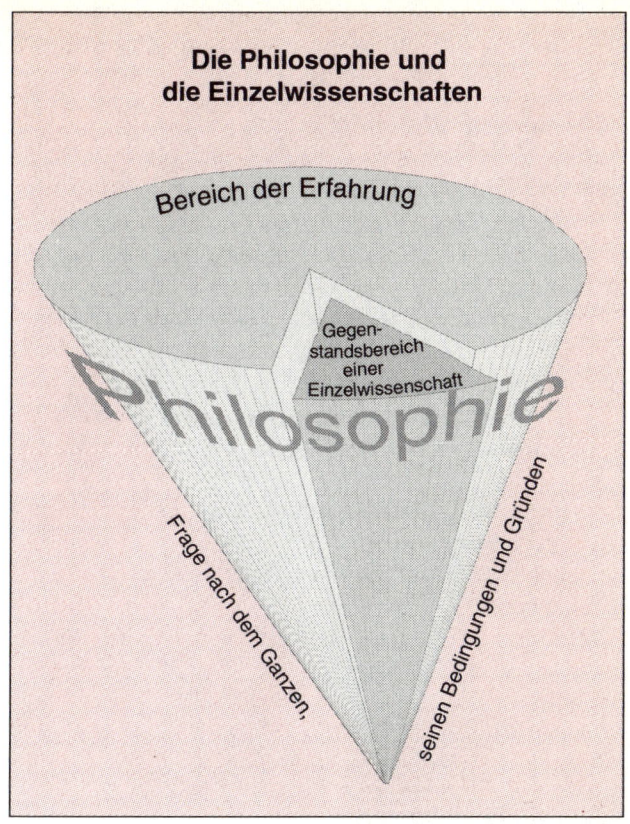

Die Philosophie und die Einzelwissenschaften

Bereich der Erfahrung

Gegenstandsbereich einer Einzelwissenschaft

Philosophie

Frage nach dem Ganzen,

seinen Bedingungen und Gründen

oder Gegenstandsbereich hat, über den eine Definition möglich wäre. Die Einzelwissenschaften beschäftigen sich mit einem ganz bestimmten, begrenzten Teil der Wirklichkeit, wie z. B. die Chemie mit der Zusammensetzung der Materie oder die Biologie mit den Lebewesen. Womit beschäftigt sich die Philosophie? Sie beschäftigt sich nicht mit einem begrenzten Teil, sondern mit dem Gesamten, dem Ganzen der Wirklichkeit. D. h., sie zielt als Theorie der Gesamtwirklichkeit nicht auf einen bestimmten Wirklichkeitsbereich, wie etwa die

Einteilung der Philosophie in ihre traditionellen Grunddisziplinen

Theoretische Philosophie

Metaphysik: Lehre von dem, was dem physisch Seienden zugrundeliegt. Bei Aristoteles ist sie als Lehre von den ersten Ursachen und Prinzipien die erste Wissenschaft und umfaßt Ontologie und Theologie.

Ontologie: Lehre vom Seienden als Seienden.

Philosophische Theologie: philosophische Lehre von Gott. Sie ist zu unterscheiden von der Offenbarungstheologie.

Naturphilosophie: philosophische Lehre der Natur.

Anthropologie: philosophische Lehre vom Menschen.

Logik: philosophische Lehre vom folgerichtigen und geordneten Denken.

Erkenntnistheorie: philosophische Lehre von der Erkenntnis.

Wissenschaftstheorie: Theorie der Methode, Sprache und Erkenntnisprinzipien der Einzelwissenschaften.

Sprachphilosophie: philosophische Lehre von der Entstehung, Bedeutung und Funktion der Sprache.

Praktische Philosophie

Ethik: philosophische Lehre vom tugendhaften Handeln.

Poietik: philosophische Lehre vom Hervorbringen bzw. Schaffen. Hierher gehört die Ästhetik (Philosophie der Kunst).

Da sich die Philosophie als fundamental und universal versteht, gibt es grundsätzlich keinen Teilbereich menschlichen Erkennens und Handelns, der nicht Thema der Philosophie werden könnte.

Biologie auf den Wirklichkeitsbereich der Lebewesen. Sie will vielmehr das Ganze, die Einheit der Wirklichkeit erfassen. In diesem Sinne ist die Philosophie universal. Weiterhin geht es ihr darum, zu den letzten Gründen und Ursachen vorzustoßen, und daher hat sie den Anspruch, fundamental zu sein.

Der Versuch, das Ganze zu denken, hat eine theoretische und eine praktische Seite. Dementsprechend wird die Philosophie grundlegend in die beiden Bereiche der theoretischen und der praktischen Philosophie unterteilt. Wir sahen, daß die Einzelwissenschaften von bestimmten Voraussetzungen ausgehen, die sie nicht mehr hinterfragen. Demgegenüber ist es ein Kennzeichen der Philosophie, daß sie sich als möglichst voraussetzungslos begreift. Sie fragt auch dort nach Gründen, wo sich das alltägliche und auch das wissenschaftliche Bewußtsein mit allgemein akzeptierten Überzeugungen zufriedengeben. So befragt die Philosophie die Überzeugungen des alltäglichen Bewußtseins, etwa weltanschaulicher Art, daraufhin, ob und inwieweit diese sich begründen lassen und inwieweit es sich hierbei lediglich um Vorurteile handelt. Und sie befragt die Voraussetzungen der Wissenschaften, z. B. bestimmte wissenschaftliche Methoden, nach ihrer Tauglichkeit zur Erfassung der Wirklichkeit. Weiterhin geht es der Philosophie, indem sie die Wissenschaften hinterfragt, darum, deren berechtigten Ort und deren Grenzen zu bestimmen. Ist z. B. das Phänomen der Musik allein durch eine Reduktion auf bestimmte physikalische Gesetzmäßigkeiten zu erklären? Wenn nicht, welche Begründungsmöglichkeiten gibt es? In diesem Sinne ist die Philosophie kritisch. Philosophieren ist dem Wesen nach keine begründungsorientierte Tätigkeit. Philosophie versteht sich von daher grundsätzlich als Aufklärung im Sinne der Definition Kants: »Aufklärung ist der Ausgang des Menschen aus seiner selbstverschuldeten Unmündigkeit. Unmündigkeit ist das Unvermögen, sich seines Verstandes ohne Leitung eines andere zu bedienen.« Da die Philosophie nicht beim Denken der Gegenstände, sondern beim Verhältnis der Gegenstände zum Denken der Gegenstände anhebt, also beim Verhältnis von Sein und Bewußtsein, wird der Begriff der Philosophie so selbst zum Gegenstand der Philosophie. Was das heißt, wird der Blick auf die Geschichte der Philosophie deutlich machen.

2. Die Wortbedeutung von »Philo-sophía« – Erläuterung einiger Grundbegriffe

Der Begriff »Philosophie« stammt aus dem Griechischen und bedeutet »Liebe zur Weisheit«. In »philo-sophía« ist das ältere »sophía«-Weisheit enthalten. »Sophía« bedeutet ursprünglich ganz allgemein jede Art von Fertigkeit, Geschicklichkeit, Wissen oder Bildung. Ein »sophós« ist also zunächst ein in praktischen Dingen geschickter, kluger und kenntnisreicher Mann. In diesem Sinne spricht Herodot (um 490–430 v. Chr.) von den »Sieben Weisen«, von denen der bekannteste, Solon (um 640–560 v. Chr.), weder Philosoph noch Wissenschaftler, sondern Gesetzgeber, Politiker und Dichter war. »Sophói« heißen auch Thales (um 625–545 v. Chr.), der ebenfalls zu den sieben Weisen gehörte, Anaximander (um 611–546 v. Chr.) und Anaximenes (um 585–523 v. Chr.), die als die ersten Philosophen angesehen werden. Die Einschränkung der »sophía« auf das rein theoretische Wissen geht wahrscheinlich auf Pythagoras zurück, der die Erforschung des Wesens der Dinge dem Streben nach Ruhm und Geld entgegengestellt haben soll. Sehr früh wird so der kontemplative Sinn der »sophía« betont und die theoretische Beschäftigung der praktischen, vor allem der politischen Beschäftigung entgegengesetzt.

Der Ausdruck »philósophos« findet sich schon bei Heraklit von Ephesus (um 550–480 v. Chr.), der von

»weisheitsliebenden Männern« spricht, die »vieler Dinge kundig sein müssen«. Das Verb »philosophein« mit der Bedeutung »Streben nach Wissen und Bildung« erscheint bei Herodot und Thukydides (um 460–400 v. Chr.). »Phílos« heißt Freund, »philein« lieben, gern haben. »Philosophía« meint von daher zunächst ganz allgemein »Wissensliebe«.

Möglicherweise legte schon Sokrates (um 470–399 v. Chr.), von dem uns keine Schriften vorliegen, sicherlich aber Platon (427–347 v. Chr.) das Gewicht auf die erste Silbe des Begriffs »philosophía« und gab diesem so eine Bedeutung, die geschichtsmächtig wurde. Platon wollte dadurch zum Ausdruck bringen, daß nur Gott weise sei, der Mensch hingegen lediglich nach Weisheit streben könne. Die »sophia« wird so zum entfernten Ziel der Philosophie. Die Philosophie ist der Weg, der zum wahren Wissen führt. Platon nennt sie deshalb auch »Verähnlichung mit Gott«. Sie ist kein Zustand, sondern eine Bewegung, denn sie strebt von etwas weg auf etwas hin. Philosophie als »Verähnlichung mit Gott« bedeutet für Platon »Streben nach dem Tode«. Zugrunde liegt die Anschauung, daß der Körper mit seinen Sinnen trügt, während das Denken die Möglichkeit hat, die Wahrheit zu erfassen. Die Philosophie hat von daher die Aufgabe, die (denkende) Seele schon im Leben – so weit möglich – aus dem Gefängnis des Körpers zu befreien, indem sie diese auf das Geistige lenkt. In diesem Sinne eines Freiwerdens der Seele vom Körper ist Philosophie ein vorgezogener Tod. Die endgültige Trennung von Seele und Körper im Tod ist für den Philosophen, wie Platon ihn sieht, ein ersehntes Glück.

Im engen Sinn ist die Philosophie bei Platon Dialektik. Diese bildet das Ziel der philosophischen Ausbildung, ist das Wissen des Philosophen. Unter Dialektik (griech.: dialektiké = Unterredungskunst) versteht Platon die Wissenschaft vom wahrhaft Seienden, den Ideen.

Das System des Aristoteles (um 384–322 v. Chr.) ist für die Ausbildung des heutigen Philosophieverständnisses leitend geworden. Aristoteles versteht unter philosophía zunächst Wissenschaft überhaupt, gliedert aus ihr jedoch eine für alle Wissenschaften grundlegende erste Wissenschaft, eine »Erste Philosophie«, aus. Diese Disziplin, die der platonischen Ideenlehre entspricht, handelt von den allgemeinsten Ursachen und Prinzipien. Es ist die Wissenschaft vom Seienden als solchem oder vom Seienden insofern es seiend ist.

Ein Begriff, der aufs engste mit dem der Philosophie zusammenhängt ist die »theoría«. So heißt es bei Aristoteles, die Philosophie sei »theoría«. Der Begriff bedeutet hier eine Erkenntnis, die um ihrer selbst und nicht um eines Nutzens willen angestrebt wird. Sie ist das Höchste, was dem vernunftbegabten Menschen im Denken zuteil werden kann: die »Schau des Göttlichen«. Ursprünglich nannte man in Griechenland »theoría« eine Gesandtschaft, die im Auftrag einer Stadt an den großen Götterfesten teilnahm. Darüber hinaus meint »theoría« auch das Anschauen der Kultfeiern selbst. Charakteristisch ist das bloße Beiwohnen, das »Sich-nicht-Befassen«. Der Begriff bezeichnet damit das schauende Beteiligtsein an einem heiligen und göttlich-festlichen Geschehen.

Diesen Sinn von »theoría« überträgt Platon auf das geistige Schauen der philosophischen Erkenntnis. Aristoteles unterscheidet drei Arten der Verstandestätigkeit, die praktische, die produktive (hervorbringende) und die auf die Wahrheit gerichtete theoretische. In der »theoría« sieht er die um ihrer selbst willen gesuchte Erkenntnis. Ihr Kernstück bildet die »Erste Philosophie«. Sie heißt bei ihm noch Erkenntnis (epistéme), »Erkenntnis des Philosophen«, Erkenntnis »der Wahrheit« und »sophía«. Das Erkenntnisziel ist das Göttliche. Dieses hatte Platon mit der Idee des Guten, der Idee der Ideen gleichgesetzt.

Klassische Bestimmungen der Philosophie

1. Philosophie ist Verähnlichung mit Gott.
2. Philosophie ist Streben nach dem Tode.
3. Philosophie ist Betrachtung der Wahrheit.
4. Philosophie ist ein Suchen nach den allgemeinsten Ursachen und Prinzipien.
5. Philosophie ist Wissenschaft vom Seienden als solchem oder vom Seienden insofern es seiend ist.

Für Aristoteles ist Gott das höchste Wesen, das selbstgenügsam Seiende, dessen rein theoretische Tätigkeit im »Denken des Denkens« besteht. Er ist – selbst unbewegt – der »erste Beweger« aller Dinge. Die »Erste Philosophie« schließt die vernunftgemäße Gotteserkenntnis (Theologie) ein. Man gab ihr später den Namen Metaphysik (Lehre vom Seienden überhaupt und an sich).

Damit liegen einige ganz zentrale *klassische Bestimmungen der Philosophie* vor. Sie wurden für das abendländische Denken prägend.

III. Der Ursprung: Staunen und Zweifel

Was treibt den Menschen zum Philosophieren, wo liegt der Ursprung? Platon und Aristoteles sahen im staunenden Verwundern die Kraft, die den Anstoß zum Philosophieren gibt, die Quelle des Verlangens nach Erkenntnis. Staunend wird sich der Mensch seines Nichtwissens bewußt. Das alltägliche Erfahrungswissen erweist sich, bei aller Anhäufung von Einzelerkenntnissen, letztlich als Unwissenheit. Das Wesen und der Sinn des Ganzen bleiben verborgen. So erwacht der Wunsch nach wirklichem Wissen, d. h., nach einem Wissen, das von anderer Art ist als das alltägliche Erfahrungswissen. Das Philosophieren gleicht also einem Erwachen aus der Alltäglichkeit. Es vollzieht sich im zweckfreien Blick auf die Dinge im Hinblick auf die Frage nach dem Grund.

Eine weitere Kraft, die zum Philosophieren treibt, ist der Zweifel. Dieser stellt sich angesichts der Tatsache ein, daß unser Wissen und unsere Erkenntnisse bei kritischer Prüfung nicht sicher sind. Der Mensch aber strebt nach Gewißheiten. Diese zu gewinnen, ist jedoch nur möglich, wenn der Zweifel wirklich radikal ernst genommen und bis zur letzten Konsequenz durchgeführt wird. So fand René Descartes (1596–1650), wenn er an allem zweifelte, eine unzweifelbare Gewißheit im »Ich denke, also bin ich«. Denn selbst die vollkommenste Täuschung setzt immer noch voraus, daß ich es bin, der in seinem Denken getäuscht wird. Der Zweifel wird so als methodischer Zweifel zur Quelle der Kritik einer jeden Erkenntnis. Es gibt kein Philosophieren ohne radikalen Zweifel.

IV. Die Grundfragen der Philosophie

Nach Ansicht des britischen Philosophen A. N. White-head (1861–1947) besteht die gesamte abendländische Philosophie aus Fußnoten zu Platon. Tatsächlich errichtete Platon ein Gedankengebäude, das wie kein anderes die abendländische Geistesgeschichte prägte. Im folgenden wird deshalb versucht, anhand einiger zentraler Gedanken Platons einen Zugang zur Grundproblematik des Philosophierens überhaupt zu gewinnen.

Platon beschreibt im »Höhlengleichnis«, dem bekanntesten seiner Gleichnisse, eine tiefe Höhle mit lang aufwärts gestrecktem Eingang. Auf dem Grund der Höhle sind Gefangene derart gefesselt, daß sie immer an ein und derselben Stelle sitzen müssen und nicht einmal den Kopf wenden können. Hinter ihnen brennt ein Feuer. Zwischen den Gefangenen und dem Feuer verläuft ein Weg quer zum Höhleneingang, an dem entlang eine Brüstung errichtet ist. Längs dieser Brüstung tragen Menschen allerlei künstliche Geräte vorbei, die über die Brüstung hinausragen. Von alledem vermögen die Gefangenen nur die Schatten der Geräte zu sehen, die durch das Licht des Feuers auf die Höhlenwand projiziert werden. Auch von sich selbst und voneinander können sie nur die Schatten auf der Höhlenwand wahrnehmen. Da die Gefangenen nichts anderes wahrnehmen können, halten sie die Schatten für die wirkliche Welt. Nun wird einer der Gefangenen losgebunden und gezwungen, in Richtung des Höhlenfeuers zu blicken. Er empfindet Schmerz, ist geblendet und außerstande, die Geräte, die er zuvor als Schatten sah, zu erkennen. Sagt man ihm, die Geräte seien in höherem Maß wirklich als die Schatten, wird er es nicht glauben. Er ist verwirrt und glaubt, das, was er vorher sah, sei wirklicher als das, was er jetzt sieht. Der Gefangene wird nun gewaltsam den Höhlenaufgang hinauf ans Licht geschleppt. Hier ist er zunächst so geblendet, daß er gar nichts sieht. Langsam aber gewöhnt er sich an die neue Situation, indem er zunächst die Schatten der Dinge draußen, dann ihre Spiegelungen im Wasser und später sie selbst anschaut. Dann richtet er bei Nacht seinen Blick auf den Himmel und betrachtet die Himmelserscheinungen. Schließlich kommt der Augenblick, wo er fähig ist, die Sonne selbst zu schauen. Er erkennt: Die Sonne ist die Ursache des Jahreswechsels und der Jahreszeiten. Sie waltet über allem, was sich in der sichtbaren Welt befindet und ist gewissermaßen die Ursache von all' dem, was er zuvor schaute. Zwar möchte er am liebsten außerhalb der Höhle bleiben, doch kehrt er in sie zurück, um die anderen Gefangenen zu befreien und ans Licht zu führen. Er nimmt seinen alten Platz ein, doch da sich seine Augen noch nicht an die Finsternis in der Höhle gewöhnt haben, macht er sich bei der Deutung der Schatten gegenüber den Gefangenen lächerlich. Für sie steht fest: Das Verlassen der Höhle verdirbt die Sehfähigkeit. Wenn sie in der Lage wären, würden sie ihn, der sie befreien und ans Licht bringen wollte, töten.

Was bedeutet dieses Gleichnis? Für Platon sind die Schatten an der Höhlenwand ein Bild für die gesamte sinnlich wahrnehmbare Welt. Die Menschen erkennen als Gefangene, d. h. im Zustand der Unwissenheit, nur das, was ihnen die Sinne zeigen. Dieses halten sie für die Wirklichkeit. Sie sind unfähig, sich den Gründen der Erscheinungen (Phänomene), dem eigentlichen Sein zuzuwenden und die Höhle der Bilder und des Scheins zu verlassen. Damit ist eine grundlegende Unterscheidung getroffen, nämlich die zwischen dem Bereich des Scheins und dem Bereich des wahren Seins.

Wie kommt Platon zu dieser Unterscheidung? Charakteristisch für die Gegenstände der Sinneswahrnehmung, die Erscheinungen, ist es, daß sie in einem fortwährenden Wandel begriffen sind. Sie verändern sich, entstehen und vergehen, sind zusammengesetzt und relativ (mehr oder weniger so oder so). Auf der Ebene der Sinneswahrnehmung kann es daher kein sicheres Wissen geben. Hier ist lediglich eine mehr oder weniger wahrscheinliche Meinung (dóxa) möglich. Wenn aber alles Sinnfällige einem beständigen Wandel unterliegt, wie sind dann allgemeingültige Aussagen wie der Satz »7 + 5 = 12« möglich, und auf welche Art von Gegenständen beziehen sich solche Sätze? Da der Satz »7 + 5 = 12« unveränderlich wahr ist, muß auch der in dem Satz ausgesagte Sachverhalt unveränderlich wahr sein. Für Platon ist das Unveränderliche allein durch das reine Denken zu erkennen. Die wahre und eigentliche Erkenntnis (epistéme) vollzieht sich mit den Augen der Seele. Sie richtet sich auf das wahre Sein, das – sich immer gleich bleibend – den Erscheinungen zugrunde liegt: auf die *Ideen.* Inspiriert von dieser Eigenart mathematischer Objekte kam Platon auch bei nicht-mathematischen, abstrakten Begriffen zu der Annahme von geistig geschauten Formen. Ein Beispiel: Ich sehe einen Hund. Was ich wirklich sinnlich wahrnehme, sind Farben, Formen und Gestalten; ich sehe vielleicht ein Schwanzwedeln; ich höre vielleicht ein Bellen. Diese sinnlich wahrnehmbaren Erscheinungen ändern sich ständig. Der Hund bewegt sich, er verändert sich, er wird älter etc. Dennoch gibt es etwas, das sich durch diesen ständigen Wechsel hindurch nicht ändert. Werde ich im Hinblick auf die Erscheinungen gefragt »Was ist das?«, werde ich jedesmal antworten »ein Hund«. Den sinnlichen Erscheinungen liegt folglich etwas zugrunde, was sich im Wandel der Erscheinungen nicht wandelt. Im Sinne Platons könnte man es das Wesen oder die Idee des Hundes nennen. Diese Idee ist nicht sinnlich wahrnehmbar, was wir wahrnehmen können, sind allein die Erscheinungen der Idee. Die Idee liegt also den Erscheinungen zugrunde, kommt in ihnen zum Ausdruck.

Ideen

Nach Platon sind die Ideen (von griech.: idéa = Anblick, Aussehen, Gestalt) geistig geschaute Formen. Als Grund und Quelle des Seins der Dinge und des Guten verbinden sie in sich Sein und Wert. Ihr Sein ist zugleich werthaft, ist Wertsein. Folgende Charakteristika kommen den Ideen zu:

1. Sie sind als das eigentliche, wahre Seiende unveränderlich, unkörperlich, unräumlich, ewig und eingestaltig. In einer Art Wiedererinnerung (griech. anámnesis) können sie erschaut (Wesensschau) werden.
2. Sie sind die Urbilder der physischen (Natur-) Dinge, diese haben an den Ideen teil (griech.: méthexis), sind aber nicht identisch mit ihnen.
3. Die Naturdinge sind als bloße Abbilder oder Nachahmungen (griech.: mímesis) der Ideen von geringerem Seinsgrad als diese.
4. Aufgrund ihrer Teilhabe an den Ideen streben die Naturdinge in ihren Bewegungen und Veränderungen nach einer Annäherung an die Ideen, d. h. nach Vollkommenheit.
5. In Platons Denken gibt es eine Ideenpyramide. Die höchste absolute Idee, die Idee des an sich Guten, fällt mit Gott zusammen.
6. Als geistige Einheit des Mannigfaltigen ist die Idee allgemeiner, logischer Begriff, wesenhaftes Sein und angestrebtes Urbild sowie auch sittliches Ideal und ästhetische Form.

Zusammenfassend ergibt sich nun folgendes: Platon macht uns darauf aufmerksam, daß in unserem Denken eine Ebene besteht, die nicht aus der Erfahrung stammt, von der aber unser Bezug zur Erfahrung abhängt. Indem wir uns auf diese Ebene der Ideen als auf das Absolute berufen, ist es uns möglich, das Relative der Dinge und Erscheinungen zu erkennen.

Zurück zum Höhlengleichnis. Nach Platon befreit die Philosophie den Menschen aus der Welt des Scheins und führt ihn zum wahren Sein. Die Befreiung von den Fesseln des Unverstandes ist die Bedingung für die Umwendung von den Phänomenen zu ihren Gründen, für den Aufstieg der Seele ins Reich des nur geistig Erkennbaren. Der Aufstieg geht jedoch nur unter Zwang vor sich, denn der Mensch sträubt sich dagegen, seine alltäglichen Gewohnheiten aufzugeben. Wie das Gleichnis zeigt, erfolgt der Aufstieg nur langsam. So muß der Gefangene seinen Blick zunächst auf das hinter ihm brennende Feuer und die dort vorbeigetragenen Geräte richten, die offensichtlich mehr Wirklichkeit haben als ihre Schatten. Die Geräte sind die Gründe der Erscheinungen und stehen für die Objekte der Wissenschaften. Die Wissenschaften liefern uns – indem sie begründen – ein Wissen von den Regelmäßigkeiten der Erscheinungen. Sie stellen nach Platon jedoch noch nicht die wahrhaft seiende Welt dar, sondern sind lediglich ein bloßes Abbild von dieser.

Die wahrhaft seiende Welt, die Welt der Ideen, ist die Welt außerhalb der Höhle. Als letztes sieht der Befreite dort die Idee der Ideen, die Idee des Guten. Sie wird im Gleichnis durch die Sonne dargestellt und bildet den höchsten, absoluten Grund des Seienden. Die Ideen verbinden in sich Sein und Wert, ihr Sein ist Wertsein. Die Quelle allen Wertseins aber ist die Idee des an sich Guten. Nur weil sie als höchstes Gut – gleichsam wie die Sonne die natürliche Welt bestrahlt – Werthaftigkeit auf alle anderen Ideen ausstrahlt, kommt diesen ein Wert und damit Sein zu.

Nach vollzogenem Aufstieg ins Reich der Ideen muß der Befreite wieder in die Höhle des Nichtwissens hin-

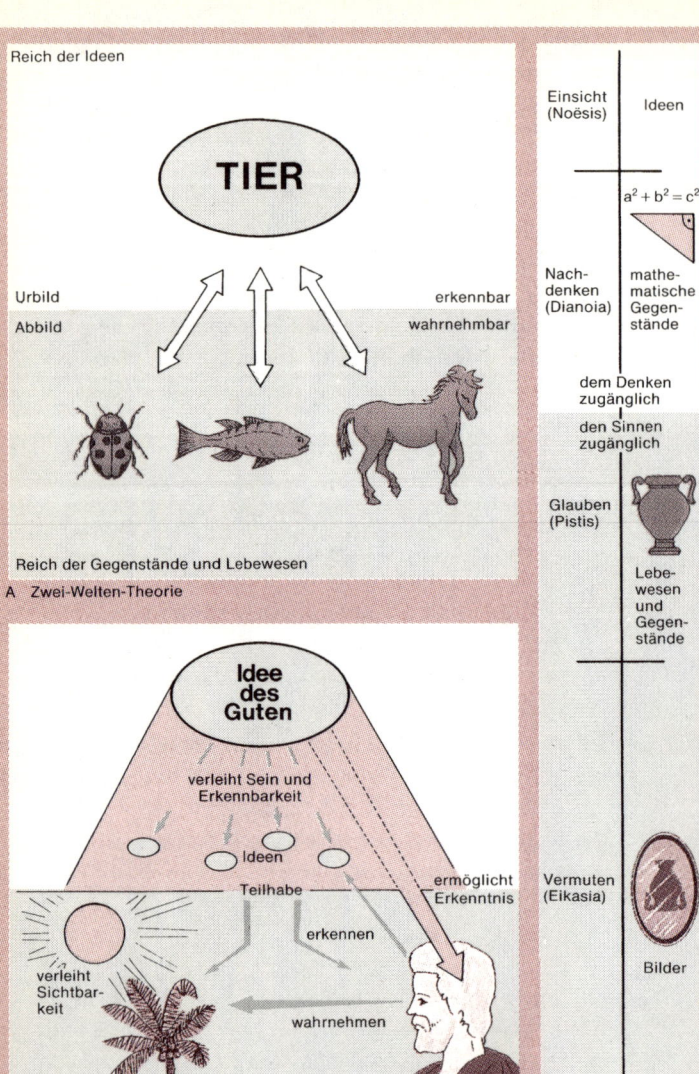

A Zwei-Welten-Theorie

Reich der Ideen

TIER

Urbild — erkennbar
Abbild — wahrnehmbar

Reich der Gegenstände und Lebewesen

B Die Idee des Guten (»Sonnengleichnis«)

Idee des Guten

verleiht Sein und Erkennbarkeit

Ideen

Teilhabe

ermöglicht Erkenntnis

erkennen

verleiht Sichtbarkeit

wahrnehmen

C »Liniengleichnis«

Einsicht (Noësis) — Ideen

$a^2 + b^2 = c^2$

Nachdenken (Dianoia) — mathematische Gegenstände

dem Denken zugänglich

den Sinnen zugänglich

Glauben (Pistis) — Lebewesen und Gegenstände

Vermuten (Eikasia) — Bilder

Liniengleichnis

Im Liniengleichnis wird die grundlegende Unterscheidung von bloßem Schein und wahrem Sein thematisiert. Eine Linie (AB) wird in zwei ungleiche Teile geteilt. Der obere Teil (CB) ist der Bereich des Denkbaren, der untere (AC) der des Sichtbaren. Gemäß der ersten Teilung werden nun auch diese Teile geteilt. Der untere Teil der Linie wird geteilt in die Sinnendinge (DC) und in die Schatten und Spiegelbilder (AD). Ihnen zugeordnet sind die Erkenntnisweisen des Glaubens und Vermutens. Der obere Teil der Linie wird geteilt in die Gegenstände der Mathematik (CE) und einen Teil, der die reinen Ideen enthält (EB). Die entsprechenden Erkenntnisweisen sind Verstandes- und Vernunfttätigkeit. Die Einteilung stellt eine Gliederung hinsichtlich der Seinsstufen, d. h. hinsichtlich Grund und Begründetem sowie nach Erkenntnisweisen dar. Der jeweils untere Abschnitt ist ein Abbild des jeweils oberen Abschnitts.

absteigen. Der Philosoph muß sich hier – gegen alle Widerstände, die sich gegen sein angebliches Wissen richten – in der Praxis bewähren. Er darf sein Wissen nicht für sich behalten, sondern ist verpflichtet, andere Menschen an diesem teilhaben zu lassen und sie aus der Höhle hinaufzuführen zum Licht der Wahrheit.

V. Die Einheit der Philosophie – Vielheit der Systeme

Angesichts der Tatsache, daß sich nach gut zweieinhalb Jahrtausenden des systematischen Philosophierens eine verwirrende Vielfalt von verschiedenen, einander zum Teil widersprechenden philosophischen Systemen gegenüberstehen, stellt sich die Fragen: Gibt es überhaupt eine Einheit der Philosophie? Läßt sich durch alle Wandlungen der Geschichte hindurch ein bestehender Kern des Philosophierens ausmachen?

Wie bereits erläutert, gibt es bestimmte philosophische Grundfragen, die sich jedem Menschen ursprünglich stellen.

Kräfte wie das Staunen und der Zweifel sind die Quellen des Strebens nach Erkenntnis. Sie drängen den Menschen – und zwar jeden einzelnen – zum Philosophieren. Kennzeichnend für das philosophische Denken ist daher ein kritisches Verhältnis zur »Welt des Scheins«, zur bloßen Meinung und zum alltäglichen Tun. Philosophisches Denken hat sich immer wieder neu durchzusetzen gegenüber dem gewohnheitsmäßigen Denken, aus dem es sich erst herausarbeiten muß.

Philosophie ereignet sich immer in einer bestimmten Tradition, Kultur, Gesellschaft usw. Im Streben nach Erkenntnis muß sie sich hierbei immer wieder kritisch mit der eigenen Tradition auseinandersetzen. Die Philosophiegeschichte als Prozeß einer fortwährenden kritischen Auseinandersetzung der Philosophie mit sich selbst bezeugt so Kontinuität und Einheit des Philosophierens über die Zeiten hinweg. Für eine lebendige Philosophie bedeutet das:

Sie muß das Gespräch mit ihrer Geschichte führen, will sie nicht zeitbedingten Beschränkungen der Sichtweise unterliegen.

VI. Die Geschichte der Philosophie: ausgewählte Themen und Positionen

Die abendländische Philosophie nimmt ihren Anfang im 6. Jh. v. Chr. in den griechischen Kolonien Kleinasiens und Unteritaliens. Hier setzte eine geistige Bewegung ein, die sich erst langsam von mythischen Denkweisen befreien mußte. Unter dem Begriff Mythos versteht man eine von Göttern oder gottähnlichen Wesen handelnde Erzählung. Ziel der mythologischen Weltdeutung ist es, bestimmte Phänomene dadurch zu erklären, daß sie auf die Einwirkung einer als Person vorgestellten, göttlichen Macht zurückgeführt werden. Gegenüber solchen Vorstellungen unternehmen die ersten griechischen Philosophen den Versuch, mit den Mitteln des selbständigen Denkens die Welt aus natürlichen, rationalen Prinzipien zu erklären. In kritischer Haltung gegenüber dem Mythos versuchen sie, allein aus der menschlichen Vernunft heraus den Urgrund der Welt zu verstehen und die wahre Wirklichkeit hinter dem bloßen Schein zu entdecken. Der Übergang vom Mythos zur Philosophie vollzieht sich hierbei nicht plötzlich, sondern ist fließend.

1. Die Philosophie des griechischen Altertums

Die Philosophie des griechischen Altertums beginnt im 6. Jh. v. Chr. und endet im 6. Jh. n. Chr. Sie ist prägend für das abendländische Denken. Man teilt sie in drei Hauptperioden ein: vorsokratische Philosophie, klassische Philosophie (Sokrates, Platon, Aristoteles), Philosophie des Hellenismus und der römischen Kaiserzeit.

Seit Aristoteles pflegt man den Anfang der abendländischen Philosophie bei den ionischen Naturphilosophen des 6. Jhs. v. Chr. anzusetzen. Diese fragen nicht mehr wie die Mythologen nach dem Anfang (arché) der Dinge

Arché

Die ersten philosophischen Theorien sind geleitet von der Frage nach der arché. Dieser griechische Begriff für Anfang wird hier im Sinne eines letzten einheitlichen Urgrundes aller Dinge verwandt. Konnten die Mythen nur erzählen, wie einst alles entstand, so soll jetzt erklärt werden, was allem Wechsel des Entstehens und Vergehens der Dinge unwandelbar zugrundeliegt. Geforscht wird nach dem Urgrund (arché), d. h. dem einen einheitlichen Urstoff, der bei allem Wechsel der Dinge verharrt. Dieser »Urstoff« darf nicht als Stoff im modernen Sinn verstanden werden, denn das archaische Denken unterscheidet noch nicht zwischen Stoff, Leben, Bewegung und Seele. Vielmehr bilden Stoff und Leben eine ursprüngliche, ungeschiedene Einheit. Der Stoff lebt und belebt alles.

im Sinne eines zeitlichen Beginns, sondern im Sinne eines Urgrundes, eines »Urstoffes«, der allem Wechsel unveränderlich zugrundeliegt. Für Thales von Milet (um 624–546 v. Chr.) ist die arché aller Dinge das Wasser, für Anaximander von Milet das »apeiron« (Unbegrenztes, Unbestimmtes). Anaximander dachte hierbei an einen homogenen, unbestimmten Stoff, der alle Prozesse steuert und aus dem die Dinge der Welt als Gegensätze entstehen und in den hinein sie vergehen. Anaximenes von Milet schließlich bezeichnet die Luft als *arché*. Durch Verdünnung der Luft entsteht das Warme (Feuer), durch Verdichtung das Kalte (zunächst Wind, dann Wolke, dann Wasser, dann Erde, dann Stein).

Die Pythagoreer sehen in der Zahl die arché der Dinge. Schon der Begründer dieser Philosophenschule im unteritalienischen Kroton, Pythagoras (um 580–500

v. Chr.), soll entdeckt haben, daß sich die Intervalle der Tonleiter auf rationale Zahlenverhältnisse schwingender Saiten zurückführen lassen. Von dieser Einsicht geleitet, entwickeln die Pythagoreer ihr Bild vom Kosmos, nach dem sich die Himmelskörper kreisförmig in bestimmten Intervallen um ein feststehendes Zentralfeuer bewegen.

Der aus einer Aristokratenfamilie stammende Heraklit von Ephesus lehrt den beständigen Fluß aller Dinge. Seine Nachfolger brachten dies auf die Formel »Alles fließt«. Sowohl in der Natur als auch im Menschenleben herrscht ein unablässiger Streit von Gegensätzen, Weltgeschehen ist Streitgeschehen. In diesem Sinn ist der Krieg der Vater aller Dinge. Alle Dinge schlagen stetig um in ihr Gegenteil (Nacht/Tag, warm/kalt, Leben/Tod usw.), wir können nicht zweimal in den gleichen Fluß steigen. Das Bleibende ist gerade der Wechsel. Heraklit sieht im Feuer, das er als vernünftig und ewig lebendig bezeichnet, den Inbegriff der ewigen Ordnung. Alles ist beherrscht von einem Weltgesetz (nómos) und geschieht gemäß einem »lógos« (Verhältnis). In allem Werden und

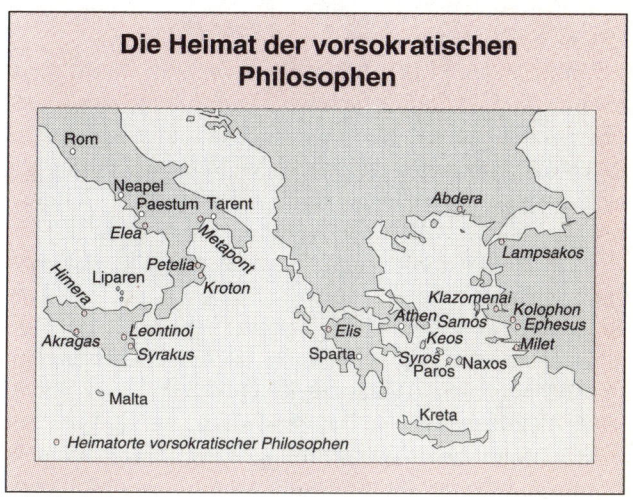

Die Heimat der vorsokratischen Philosophen

Rom

Neapel
Paestum Tarent
Elea
Metapont
Petelia
Liparen
Himera
Kroton
Akragas
Leontinoi
Syrakus
Malta

Abdera

Lampsakos

Klazomenai
Athen Samos Kolophon
Elis Keos Ephesus
Sparta Syros Milet
Paros Naxos

Kreta

○ Heimatorte vorsokratischer Philosophen

Lógos

Der führende Begriff der griechischen Philosophie ist der lógos. Ursprünglich findet er sich in den beiden Grundbedeutungen »Verhältnis« und »Erzählung«, »Rede«. Bei Heraklit bezeichnet der lógos die ewigruhende Ordnung oder Struktur des Seins (Verhältnis). Dem Menschen ist der lógos im Denken zugänglich, er kann gesagt werden und ist dann die sinnvolle, begründende Rede, die das Wesen des Seins enthüllt (Erzählung). In der Zeit nach Heraklit kann lógos dann »Weltgesetz«, »Vernunft«, »Geist« sowie »Einzelwort« bedeuten.

Vergehen zeigt sich so etwas Beständiges: die ewig ruhende Struktur des Seins, der lógos. In ihm sind alle Dinge eins. Dies zu erkennen ist Weisheit. Zu erreichen ist diese durch das Denken in Übereinstimmung mit dem lógos, wodurch sie sich von den Meinungen der »Vielen«, die auf den bloßen sinnlichen Wahrnehmungen beruhen, unterscheidet.

Mit Parmenides (um 500 v. Chr.) aus Elea (Süditalien) beginnt die Geschichte der Ontologie (Lehre vom Seienden als Seienden). Betonter noch als Heraklit unterscheidet Parmenides zwischen der Sinneserfahrung als dem Bereich des Scheins und der Meinung und dem reinen Denken, das allein die Wahrheit, das Sein erschließt. Denken heißt für ihn, immer etwas denken. Jeder Denkakt bezieht sich auf Seiendes. Nur das, was gedacht werden kann, kann sein. Nichtseiendes hingegen kann nicht gedacht werden und von daher nicht sein. Entstehen (Noch-Nicht-Sein), Vergehen (Nicht-Mehr-Sein), Bewegung, Vielheit (Nicht-Das-Andere-Sein) sind bloßer Schein. Sinnliche Wahrnehmungen sind Täuschungen. Demgegenüber erfaßt das Denken das Seiende als kontinuierlich, eins, unveränderlich und vollkommen. Das Denken bezieht sich stets auf das Ganze der Wirklichkeit, das Sein. Dieses erfüllt als »wohlgerundete Kugel« die Natur. Wie aber kann Parmenides behaupten, das Nichtseiende sei undenkbar, denken wir doch, daß bestimmte Wesen nicht existieren (z. B. Kentauren), oder daß etwas nicht der Fall ist? Das von Parmenides aufgeworfene Problem führen erst Platon und Aristoteles einer Lösung zu. Sie zeigen, daß Sein einen weiteren Sinn hat, als es der parmenideische Seinsbegriff nahelegt.

Wie Parmenides gehen Empedokles von Akrages auf Sizilien (um 495–435 v. Chr.), Anaxagoras von Klazomenai (um 500–428 v. Chr.) und die Atomisten davon aus, daß Seiendes nicht aus Nichtseiendem entstehen oder in Nichtseiendes vergehen kann. Sie wollen Werden und Vergehen ausschließen, aber, anders als Parmenides, die Wirklichkeit der Erfahrung retten. Sie nehmen deshalb zur Erklärung des Weltgeschehens bestimmte, unvergängliche Grundstoffe an, die sich lediglich vermischen oder entmischen.

Empedokles von Akragas auf Sizilien sieht in Feuer, Wasser, Luft, Erde solche Grundstoffe oder »Wurzeln«. Bewegt werden sie durch die Kräfte Liebe (Vereinigung) und Haß (Trennung). Für Anaxagoras von Klazomenai gibt es unendlich viele, unendlich kleine und unvergängliche »Samen« jeder qualitativ besonderen Art von Stoff. Zwar enthält jedes Ding alle Samen, wird aber in seiner Beschaffenheit durch ein charakteristisches Mischungsverhältnis der Grundstoffe bestimmt. Bewegt werden die Stoffe durch den Geist. Er ordnet die Welt mittels einer Rotationsbewegung. Ein Ausscheidungsprozeß wird in Gang gesetzt, der den Kosmos ordnet. Demokrit aus Abdera (um 460–370 v. Chr.) ist mit seinem Lehrer Leukipp (Anfang 5. Jh. v. Chr.) der Begründer der Atomlehre. Nach dieser Lehre besteht der Kosmos aus Atomen, also letzten unteilbaren (griech.: á-tomos), stofflich völlig gleichen, unendlich vielen Bausteinen der Wirklichkeit, die sich im leeren Raum in unendlicher Bewegung, bewirkt durch Druck und Stoß, befinden. Die Atome unterscheiden sich durch Form, Lage und Anordnung voneinander. Allein aus ihrer Gruppierung entstehen die vielen Dinge. Die Atome sind bestimmt durch die primären Eigenschaften Raumerfüllung, Trägheit, Dichte, Härte, während Farbe, Geruch, Geschmack usw. als sekundäre Eigenschaften erst durch die Wahrnehmung entstehen. Qualitative Bestimmungen werden so auf quantitative zurückgeführt.

Mit der Sophistik im 5. und 4. Jh. v. Chr. tritt der Mensch in den Mittelpunkt des Nachdenkens. Traditionelle Anschauungen werden zersetzt, nichts soll mehr als wahr angesehen werden, was nicht kritisch geprüft wurde. Eine wichtige Voraussetzung der Sophistik ist die Entwicklung der athenischen Demokratie. Diese Staatsform verlangt vom Bürger eine gewisse Bildung zur Vorbereitung auf das öffentliche Leben. Von herausragender Bedeutung ist die Kunst der Rhetorik. Die Sophisten (Lehrer der Weisheit) unterrichten diese Kunst gegen Bezahlung, wobei es nicht mehr darum geht zu »überzeugen«, sondern durch die Macht des Wortes zu »überreden«. Aufgrund ihres Berufs beschäftigen sich die Sophisten intensiv mit Sprachphilosophie. Gegenüber tradierten Wahrheits- und Geltungsansprüchen nehmen sie eine skeptische Haltung ein. So bezeichnet Protagoras aus Abdera (um 480–410 v. Chr.) den Menschen als das Maß aller Dinge. Erkenntnis erschöpft sich für ihn in Wahrnehmung. Diese ist, weil subjektiv und situationsbezogen, relativ. Wie etwas dem einzelnen Menschen hier und jetzt in der Wahrnehmung erscheint, so ist es. Wahr ist das, was jeder einzelne für wahr hält (Relativismus). Auch die Geltung moralischer Normen wird durch die Sophisten relativiert. Nach ihnen ist scharf zu unterscheiden zwischen dem, was natürlich gegeben und unveränderlich ist (physis = Natur), und dem, was vom Menschen willkürlich gesetzt wurde (nómos = Gesetz, Konvention). Was natürlich und was willkürlich gesetzt ist, wird von den Sophisten unterschiedlich beurteilt. Für Alkidamas (4. Jh. v. Chr.) etwa ist die Freiheit der Menschen natürlich, die Sklaverei hingegen willkürlich gesetzt. Aber auch des Recht des Stärkeren über den Schwächeren wird von einigen Sophisten als natürlich akzeptiert.

Sokrates gilt als der Begründer der klassischen Periode der griechischen Philosophie. Platon sieht in ihm den Gegner der Sophisten schlechthin. Sokrates Interesse richtet sich, wie das der Sophisten, auf den Menschen. Im Gegensatz zu diesen ist er jedoch von der absoluten Geltung sittlicher Normen überzeugt. An die Stelle des Einzelnen als Maß aller Dinge setzt er die den Menschen gemeinsame Vernunft, die sich im begrifflichen Wissen artikuliert. Die sogenannte *sokratische Methode* ist hier von besonderer Bedeutung. Sokrates ist davon überzeugt, daß nur das Wissen um das Gute richtig handeln läßt. Tugend (griech.: areté = Tüchtigkeit) kann also erlernt werden und ist dann erfüllt, wenn vernünftige Einsicht in der menschlichen Seele herrscht. Ziel des sokratischen Gesprächs ist es, den Menschen vom vermeintlichen zum in Wahrheit Guten zu führen. Nicht um Wissensvermittlung geht es, sondern um die Leitung zu echter Einsicht und damit zu gutem Handeln. Sokrates versteht seine Philosophie als »maieutik« (Hebammenkunst), denn Einsicht und Selbsterkenntnis muß jeder aus sich selbst finden, Sokrates kann nur helfen.

Platon, der bedeutendste von Sokrates Schülern, gründete um 387 v. Chr. in Athen die »Akademie«, die fast 1.000 Jahre bestand. In der Auseinandersetzung mit der Sophistik fragt Platon, wie Skepsis und Relativismus zu überwinden sind und sicheres Wissen gefunden werden kann. Geleitet von dieser Frage entdeckt er die Welt der

Sokratische Methode

Im Gespräch mit seinen Mitbürgern geht es Sokrates darum, Scheinwissen zu zerstören und die Menschen zum Fragen zu bringen. Die sokratische Gesprächsmethode umfaßt mehrere Schritte. Sokrates fragt zunächst nach der Definition von Moralbegriffen, z. B.: Was ist Frömmigkeit, Tapferkeit, Gerechtigkeit? Er stellt sich unwissend, obwohl er von der Widersprüchlichkeit der Antworten überzeugt ist (sokratische Ironie). Durch prüfende Fragen zwingt er den Gesprächspartner, Rechenschaft zu geben, bis dieser einsieht, eigentlich nichts zu wissen. Die so entstandene Ausweglosigkeit (aporíe) ist der Ausgangspunkt für die Suche nach wahrem Wissen durch allmähliche Annäherung an einen verbesserten Begriff. Hierbei wird von vielen Einzelbeispielen ausgegangen mit dem Ziel, das Allgemeine zu erfassen (Induktion). Es zeigt sich, daß der verbesserte Begriff zwar der Wahrheit näher ist als die ursprünglichen Vorstellungen der Gesprächspartner, doch eine endgültige Begriffbestimmung ist nicht zu erreichen. Sokrates scheint sich dessen bewußt zu sein, daß auch er die geforderte Definition nicht geben kann. Dies ist der Kern des sokratischen »Ich weiß, daß ich nichts weiß«.

Ideen und entwickelt seine Ideenlehre. Diese wurde bereits anhand der Gleichnisse von der Höhle und der Linie dargestellt. Die Idee bildet den Mittelpunkt der Philosophie Platons. Sie ist das »Eine«, auf welches das Denken »hinschauen« muß, will es über die bloßen Meinungen hinaus zur Erkenntnis des Seienden selbst aufsteigen. Das Streben nach der Welt der Ideen, der »Eros«, rührt daher, daß die Seele in einem früheren, jenseitigen Dasein vor ihrer Verbannung in den Körper die Ideen geschaut, aber bei Eintritt in den Körper vergessen hat. Erkenntnis ist daher Wiedererinnerung (anámnesis). Nach Platon ist der Eros, die Begierde oder Sehnsucht, der Sohn des Wegfinders und der Armut. Zwischen Wissen und Nichtwissen stehend, sehnt er sich nach dem Wissen. Seine Sehnsucht wäre jedoch nicht möglich ohne ein vorgreifendes Wissen von dem, was er ersehnt und noch nicht besitzt. Das Wesen des Eros charakterisiert ihn als Philosophen. Platon gibt ihm die Züge des Sokrates. Dieser weiß, daß er nichts weiß, und sucht deshalb nach Weisheit.

Die Seele ist für Platon unsterblich. Sie ist nicht selbst Idee, aber den Ideen verwandt. Die Annahme einer unsterblichen Seele ist verbunden mit der Vorstellung einer Existenz vor dem irdischen Dasein (Präexistenz) und nach dem irdischen Dasein (Postexistenz). Die Seele stammt ursprünglich aus dem Bereich des Vernünftigen, Göttlichen: also Unsterblichen. Sie inkarniert sich infolge ihrer sinnlichen Begierde, je nach Lebensführung im früheren Leben, und ist nun im Körper gefangen. Ziel des irdischen Lebens ist es, zum ursprünglichen Zustand der Seele zurückzukehren. Der Philosophie kommt die Aufgabe zu, die Seele aus dem Kerker des Körpers zu befreien und auf das Geistige zu lenken. In diesem Sinne, nämlich als Trennung der Seele vom Körper, ist Philosophie Streben nach dem Tod.

Platon gliedert die Seele in die drei *Seelenteile* Vernunft, Mut und Begierde. Das Verhältnis der Vernunft zu den beiden unteren, sterblichen Seelenteilen ist das der Herrschaft. Beide haben der Vernunft zu gehorchen. Die Seelenteile befinden sich in einem harmonischen Verhältnis, wenn sie die ihnen zukommenden Aufgaben in rechtem Maß erfüllen. Ist dies der Fall, dann ist der Mensch gerecht und damit glücklich.

Das Staatswesen erscheint bei Platon als Organismus

Seelenteile

Die menschliche Seele gliedert sich nach Platon in drei Teile:

1. Vernunft: Sitz dieses göttlichen Seelenteils ist der Kopf. Ihre Tugend ist die Weisheit.
2. Mut: (Aggressions- und Affektionsvermögen): Sitz dieses Seelenteils ist die Brust. Seine Tugend ist die Tapferkeit.
3. Begierde: Sitz der Begierde ist der Unterleib. Ihre Tugend ist die Mäßigkeit.

Die beiden letztgenannten Seelenteile gehören zur Welt der sinnlichen Wahrnehmung. Von ihnen ist der Mut der edlere, die Begierde der widerstrebende, niedere Seelenteil.

Stände

Das Staatswesen ist – nach Platon – ein gegliederter Organismus. Im gerechten Staat erfüllt jeder Teil des Organismus (Stand) seine ihm zukommende Aufgabe. Platon unterscheidet:

1. Die Herrschenden: Dieser Stand leitet das Staatswesen. Seine Tugend ist die Weisheit.
2. Die Soldaten: Dieser Stand sorgt für innere und äußere Sicherheit. Seine Tugend ist die Tapferkeit.
3. Das einfache Volk: Dieser Stand sorgt für die materiellen Grundlagen des Staates. Seine Tugend ist, wie die der anderen Stände, die Besonnenheit.

Nach Platon ist ein gerechter Staat nur dann möglich, wenn entweder die Philosophen Könige oder die Könige Philosophen werden.

und so als vergrößertes Spiegelbild der Seele. Hierbei entsprechen die Beziehungen zwischen den Seelenteilen denen zwischen den *Ständen* des Staates. Analog zur gerechten Seelenverfassung ist der Staat dann gerecht, wenn das der Ständeordnung gemäße harmonische Verhalten herrscht.

Aristoteles ist Platons berühmtester Schüler. Neben ihm ist er der bedeutendste Philosoph der Antike. Aristoteles gilt als Begründer der wissenschaftlichen Philosophie und vieler Einzelwissenschaften. Er war der erste, der die Philosophie in Disziplinen einteilte. Seine Logik ist bis heute nicht widerlegt, sondern nur erweitert worden.

Kategorie

Die Kategorien (griech.: kategorein = aussagen) sind bei Aristoteles die Grundbestimmungen des Seienden und zugleich die grundsätzlichen Aussageweisen vom Seienden als Seienden. Immer, wenn über Seiendes geurteilt wird, müssen deshalb die Kategorien in Erscheinung treten. Das Seiende wird gemäß den Kategorien in mehrfacher Bedeutung ausgesagt.

Die zehn Kategorien des Aristoteles:

Substanz	(z. B. Platon)
Qualität	(z. B. Philosoph)
Quantität	(z. B. 180 cm)
Relation	(z. B. Schüler des Sokrates)
Wo	(z. B. in der Akademie)
Wann	(z. B. morgens)
Lage	(z. B. stehend)
Haben	(z. B. gelassen)
Tätigkeit	(z. B. lehren)
Leiden	(z. B. nicht verstanden zu werden)

Die Logik (griech.: Organon=Werkzeug) handelt von den Begriffen, den Zusammensetzungen der Begriffe zu Urteilen und den Verknüpfungen von Urteilen zu Schlüssen. Jeder Begriff bezeichnet nach Aristoteles eine *Kategorie*. Die *Schlußlehre (Syllogistik)* behandelt alle denkbaren Möglichkeiten der Verknüpfung zweier Urteile (Prämissen) zu einem dritten (Konklusion). Hierbei wird nur auf die kategoriale Form, nicht auf den Inhalt geachtet. Aristoteles entdeckte drei der vier syllogistischen Figuren.

Ein Beweis stellt eine Kette von Schlüssen dar. Besonderes wird hier aus Allgemeinem abgeleitet (Deduktion). Der Weg zum Allgemeinen führt über die Induktion. Sie schreitet von den Einzelvorstellungen hin zum Allgemeinen, zu der Gattung fort. An die Stelle der platonischen Lehre von der Wiedererinnerung der Ideen tritt hier die Abstraktion. Mittels der Definition wird die Einteilung alles Seienden ermöglicht. Sie gibt die Gattung sowie die artbildende Differenz an (z. B. der Mensch ist ein vernünftiges Lebewesen). Jedem Beweis liegen Prinzipien zugrunde, die selbst nicht mehr bewiesen werden können. Aristoteles nennt hier vor allem den Satz vom Widerspruch, der besagt, daß es unmöglich ist, daß einem Objekt dasselbe in derselben Hinsicht zugleich zukommen und nicht zukommen kann.

Schlußlehre (Syllogistik)

Beispiel 1:

Alle Menschen sind sterblich	(M ist P)
Alle Athener sind Menschen	(S ist M)
also: Alle Athener sind sterblich	(S ist P)

Beispiel 2:

Kein Grieche ist unsterblich	(M ist nicht P)
Alle Athener sind Griechen	(S ist M)
also: Kein Athener ist unsterblich	(S ist nicht P)

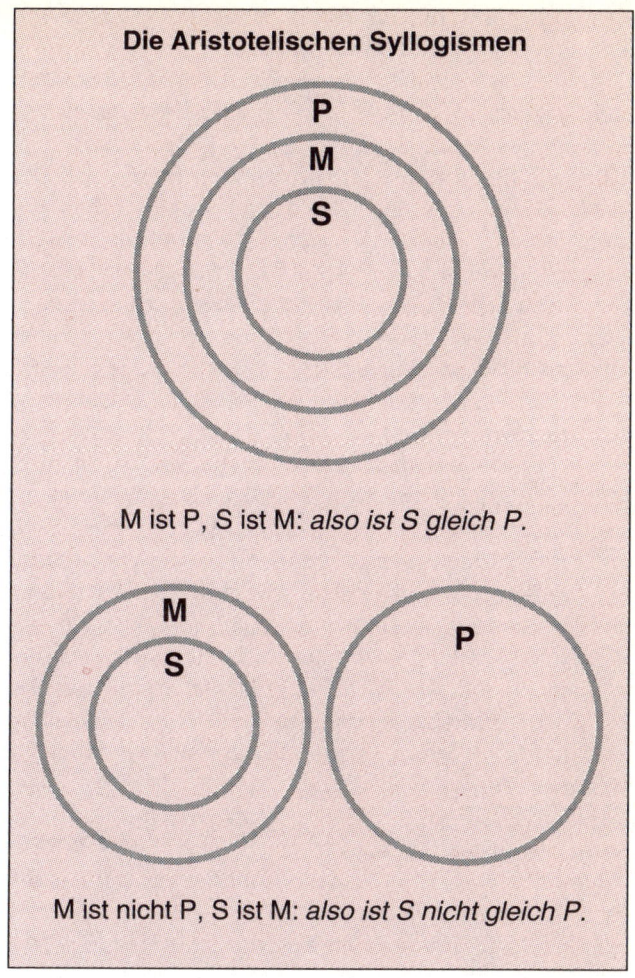

Die Aristotelischen Syllogismen

M ist P, S ist M: *also ist S gleich P.*

M ist nicht P, S ist M: *also ist S nicht gleich P.*

Aristoteles entscheidende Leistung ist die Begründung der Metaphysik. Sie heißt bei ihm »Erste Philosophie« und handelt vom Seienden als solchem, d. h., von dem, was in allem, was ist, vorgefunden und ausgesagt werden kann. Die allgemeinsten Bestimmungen sind die

Kategorien. Damit verbunden ist die Frage nach dem höchsten Seienden, dem Göttlichen.

Aristoteles will die platonische Trennung von Ideen und Gegenständen der Erfahrungswelt überwinden. Für ihn liegt das Wesen der Dinge in den Dingen selbst. Die Kategorie der Substanz ist von zentraler Bedeutung. Die Substanz ist das einzeln, selbständig und unabhängig Seiende. Als solches liegt sie allem Wechsel der Erscheinungen zugrunde. Zwar sind für Aristoteles auch die Gattungen Substanzen, aber nur in abgeleitetem Sinn.

Der konkrete, einzelne Gegenstand ist zusammengesetzt aus Stoff und Form. Das Werden eines Gegenstandes erklärt Aristoteles damit, daß sich auf der Unterlage des Stoffes die Form des Gegenstandes herausbildet. Hierbei ist das Wesen des Gegenstandes im Stoff nur der Möglichkeit nach angelegt, Wirklichkeit gewinnt es allein durch die Form. Diese bestimmt den Gegenstand und erlaubt eine Aussage darüber, was ein Gegenstand ist. Der Mensch vermag die Form mittels seines tätigen Geistes denkend zu schauen. Da jeder Vorgang nach Aristoteles von einem bestimmten Ziel geleitet ist, bedeutet Werden für ihn Verwirklichung. Gemeint ist damit das Voranschreiten von der bloß möglichen zur wirklichen Entfaltung des Wesens. Aristoteles nimmt insgesamt *vier Ursachen des Werdens* an.

Alles Zufällige und Unregelmäßige beruht auf dem Stoff, der sich gegen die Formung sperrt. Er ist das Akzidentelle (lat.: Akzidens = das Zufällige) an der von der Form bestimmten Substanz.

Gott ist für Aristoteles reine Form. Als Ursache allen Werdens unterliegt er diesem nicht, kann also nicht stofflich sein. Er ist als erster Beweger selbst unbewegt: unbewegter Beweger. Er bewegt die Welt nicht durch eine bestimmte Tätigkeit, sondern als geliebtes und erstrebtes Ziel. Alles Seiende strebt nach seiner Seinsform, ohne sie je erreichen zu können. Da Aristoteles Denken und

Form in Beziehung setzt, ist Gott reiner Geist, der sich selbst zum Denkgegenstand hat.

In seiner Ethik unterscheidet Aristoteles zwischen ethischen (charakterlichen) und dianoetischen (geistigen) Tugenden. Erstere stammen aus der Gewohnheit. Sie sind bestimmt als Mitte zwischen extremen Verhaltensweisen. So ist z. B. die Tapferkeit die Mitte zwischen Feigheit und Tollkühnheit. Von besonderer Bedeutung ist die Gerechtigkeit, die hervorragendste Tugend in bezug auf die Gemeinschaft. Die dianoetischen Tugenden wie Weisheit, Verstand, Klugheit, liegen in der reinen Ausübung der Vernunft selbst. Für das ethische Verhalten entscheidend ist die Klugheit. So entspringt aus dem Zusammenspiel von Klugheit und ethischen Tugenden die sittliche Haltung des Menschen. Aristoteles Überlegungen dienen letztlich einem Ziel: der Beantwortung der Frage nach der Glückseligkeit. Höchste Glückseligkeit findet der Mensch in der Philosophie, in der zweckfreien Betrachtung (theoría).

Das Zeitalter des Hellenismus erstreckt sich vom Tod

Alexanders des Großen (323 v. Chr.) bis zur Schlacht von Actium (31 v. Chr.). Diese Epoche ist gekennzeichnet durch den Niedergang des griechischen Stadtstaates (pólis). Der Mensch versteht sich zunehmend als Kosmopolit (Weltbürger). Gleichzeitig finden wir eine betonte Hinwendung zum Individuum. In der Philosophie tritt das Interesse an metaphysischen Theorien zurück hinter das an praktisch-ethischen und religiösen Fragen. Der Philosoph will Lebensweisheit und den Weg zur Glückseligkeit lehren. Er versteht sich als Seelenarzt.

Die Stoa wurde von Zenon von Kition (um 333–262 v. Chr.) in Athen gegründet. Er lehrte in der sogenannten »bunten Halle« (stoa poikile), daher der Name der Schule. Die Stoa greift auf die heraklitische Lehre vom Logos zurück. Die gesamte Natur ist von der göttlichen Vernunft (lógos) durchwaltet und stellt ein zweckmäßig eingerichtetes System dar. Alles Geschehen erfolgt in lückenloser Gesetzlichkeit. Oberstes sittliches Gebot für den Menschen ist es von daher, in Übereinstimmung mit der Natur, d. h. vernünftig zu leben. Das Vernunftgesetz ist zugleich Sittengesetz. Es verlangt, sinnliche Triebe und Begierden zu bekämpfen, die der Vernunft entgegenstehen. Und es verlangt ein distanziertes Verhältnis zu den weltlichen Gütern, die als »gleichgültig« (adiáphora) zu betrachten sind. Da die Leidenschaften der größte Feind der Tugend und damit des Glücks sind, strebt der Stoiker nach möglichst großer Leidenschaftslosigkeit (apathía) und Unerschütterlichkeit. Diese sieht er im Ideal des Weisen verwirklicht. Der Weise läßt sich durch keinerlei Schicksalsschläge aus der inneren Ruhe bringen. Er lebt in Freiheit von den Leidenschaften in völliger Selbstgenügsamkeit (autárkeia). Da in allen Menschen wie in der gesamten Natur ein- und dieselbe Vernunft herrscht, kann es für den Stoiker auch nur ein Gesetz, ein Recht und einen Staat geben. Er versteht sich als Kosmopolit.

Epikur von Samos (um 341–270 v. Chr.) gründete in

Athen die zweite wichtige Philosopenschule des Hellenismus. Er übernimmt die Atomlehre Demokrits, jedoch allein aus praktischen Zwecken. Von zentraler Bedeutung ist für ihn der Begriff der Lust (hedoné). Die Glückseligkeit des Menschen besteht in der Vermeidung des Schmerzes und dem Gewinn von Lust. Doch geht es Epikur nicht um ein hemmungsloses Genußleben. Die Lust bedarf vielmehr zu ihrer Erhaltung der vernünftigen Einsicht. Diese wägt die Genüsse ab. Ziel des Luststrebens ist es, einen Zustand zu erreichen, der durch Abwesenheit von aller seelischen Unruhe sowie von körperlichen Schmerzen gekennzeichnet ist (alaraxía = Unerschütterlichkeit).

Das letzte große philosophische System des Altertums bildet der Neuplatonismus. Als dessen Gründer gilt Ammonios Sakkas (3. Jh. v. Chr.). Der eigentliche Schöpfer der Schule aber ist Plotin (um 204–270 v. Chr.), der zunächst in Alexandria, dann in Rom lehrte. Nach Plotin stellt die Welt eine Stufenfolge von immer weniger vollkommenen Emanationen (Ausstrahlungen) aus der Überfülle und Vollkommenheit des »Einen« dar. Das »Eine«, »Gute« ist erhaben über alles Sein und alles Denken, es steht jenseits aller Gegensätze und Faßlichkeit. Die erste Ausstrahlung des »Einen« ist der Geist (nous). Er ist bereits mit Zweiheit behaftet, denn er setzt Denkendes und Gedachtes, ein Bewußtsein und dessen Gegenstände voraus. Der Geist ist das höchste Seiende. Er ist der Ort der Ideen, der ewigen Urbilder aller Dinge, wobei es von jedem Einzelwesen eine Idee gibt. Die zweite Ausstrahlung und unterste Stufe der geistig erfaßbaren Welt ist die Seele. Als Abbild des Geistes vermittelt sie zwischen Geistigem und Stofflichem. Sie schaut auf die Ideen und formt nach diesen Urbildern aus der Materie die Sinnenwelt. Als Weltseele formt sie den Kosmos und verleiht ihm Harmonie. Die Einzelseelen, die sie in sich enthält, verbinden sich mit der Materie und schaffen die Einzeldinge der körperlichen Welt. Die

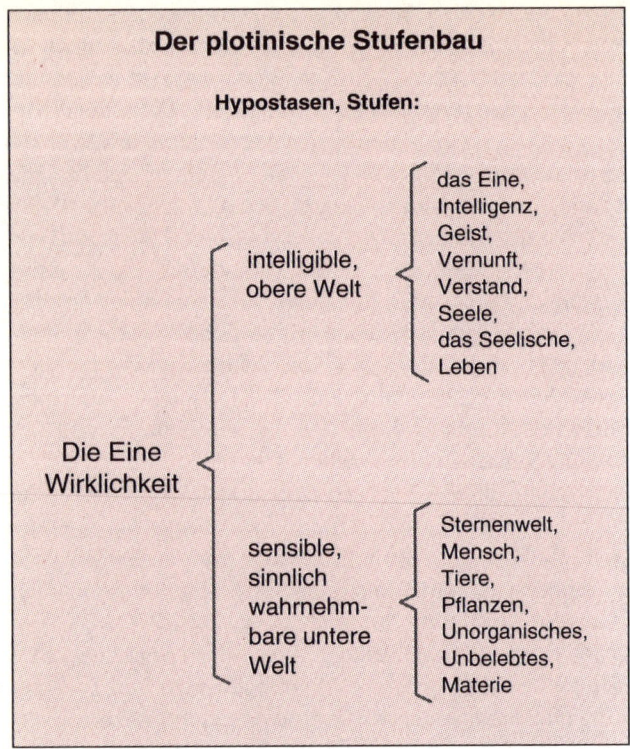

Der plotinische Stufenbau

Hypostasen, Stufen:

Die Eine Wirklichkeit

intelligible, obere Welt
- das Eine,
- Intelligenz,
- Geist,
- Vernunft,
- Verstand,
- Seele,
- das Seelische,
- Leben

sensible, sinnlich wahrnehmbare untere Welt
- Sternenwelt,
- Mensch,
- Tiere,
- Pflanzen,
- Unorganisches,
- Unbelebtes,
- Materie

Materie selbst ist vom »Einen« am weitesten entfernt. Sie ist bestimmungslos, ungeformt und im Grunde »nicht-seiend«.

Ziel des menschlichen Lebens ist die Befreiung der Seele aus den Fesseln des Körpers und der damit verbundenen Wiederverkörperung. Hauptziel ist die mystische Vereinigung mit der Gottheit, das Einswerden mit dem »Einen« in der Ekstase.

Der Neuplatonismus übte einen starken Einfluß auf die Entwicklung der abendländischen Philosophie aus. Gerade das Frühmittelalter stand unter dem Eindruck neuplatonischer Vorstellungen.

2. Die Philosophie des Mittelalters

Die Philosophie des Mittelalters ist geprägt durch die Verknüpfung von Philosophie und christlicher Offenbarungsreligion. Beständiges Grundthema ist das Verhältnis von Glaube und Wissen. Die mitteralterliche Philosophie zerfällt in die Abschnitte der Patristik (2.–8. Jh.) und Scholastik (9.–15. Jh.).

Die Periode der Patristik ist gekennzeichnet durch das Bemühen der Kirchenväter (patres = Väter), christliche Lehre und antike Philosophie in ein abgewogenes Verhältnis zu bringen. Schon die Apologeten (Verteidiger des Glaubens) des 2. Jahrhunderts versuchen mit Hilfe der Philosophie die christliche Lehre zu festigen und gegen Angriffe zu verteidigen.

Ihren Höhepunkt erreicht die Patristik mit Aurelius Augustinus (354–430). Dessen Werk stellt eine der Hauptquellen mittelalterlichen Denkens dar und war von außerordentlichem Einfluß auf die abendländische Geistesgeschichte. Für Augustinus ergänzen sich Wissen und Glauben. Zwar hat der Glaube den Vorrang vor dem intellektuellen Verstehen, dieses aber muß ihm folgen, um den Glauben zu bestätigen. Es gilt zu glauben, um zu erkennen, und zu erkennen, um zu glauben.

Grundlage und Ausgangspunkt des Erkennens ist für Augustinus die Selbstgewißheit der inneren Erfahrung. Zwar ist es zutreffend, daß ich mich über die sinnliche Welt täuschen kann. Ihre Gegenstände sind zweifelhaft. Ich kann jedoch nicht an allem zweifeln. Denn bei allem Zweifel bin ich mir gewiß, daß ich es bin, der zweifelt. Meine Existenz ist in allem Zweifel vorausgesetzt. »Wenn ich mich nämlich täusche, bin ich«. Es gibt eine Grundevidenz, die wir in unserem Selbstbewußtsein erfahren. Unser Wissen ist existentiell fundiert in der untrennbaren Einheit Sein-Erkennen-Wollen (memoria-intelligentia-coluntas). Sie sind nur durch einander und in einander möglich. Augustinus deutet diese Einheit als Bild der göttlichen Dreieinigkeit. Bedeutsam ist, daß Augustinus dem Intellekt die willentliche Bewegung oder Liebe als gleich wesentlich zuordnet.

Wie schon vor ihm Platon richtet Augustinus seine Aufmerksamkeit vornehmlich auf die ewigen Wahrheiten oder Ideen. Diese Wahrheiten findet der Mensch in seinem Inneren. Als Urbilder allein Seins gründen sie im Geist Gottes. Die Frage, wie der endliche, fehlbare Mensch zu den unveränderlichen, ewigen Wahrheiten gelangt, beantwortet Augustinus mit seiner *Illuminationstheorie*.

Für Augustinus stellt die Zeit nichts Äußeres dar. Die Außen- und Weltzeit zerfällt in Vergangenheit, Gegenwart und Zukunft. Weder dem Vergangenen noch dem Zukünftigen kommt Sein zu. Das Vergangene ist nicht mehr, das Zukünftige noch nicht. Bleibt allein die Gegenwart. Als kleinste Einheit, die sich zeitlich nicht mehr teilen läßt, kann sie unmöglich Dauer haben. Nach Augustinus konstituiert der menschliche Geist die Zeiterfahrung. Er vermag die verströmenden Zeitmomente zusammenzufassen. Wirklich ist nur das Gegenwartserlebnis, die Vergegenwärtigung, als: 1. Gegenwart vergangener Dinge (Erinnerung), 2. Gegenwart gegenwärtiger Dinge (direkte Wahrnehmung), 3. Gegenwart zukünftiger Dinge (Erwartung). Die Geschichte begreift Augustinus als den Streit von Gottes- und Weltstaat. Beide sind nicht mit Kirche und Staat identisch, sondern bilden zwei Gesinnungsgemeinschaften. Der Weltstaat ist gekennzeichnet durch die Selbstliebe, der Gottesstaat durch die Gottesliebe. Sowohl in der Kirche als auch im Staat finden sich Vertreter von Gottes- und Weltstaat. Am Ende der Zeiten werden die beiden Staaten getrennt, der Gottesstaat geht – so Augustinus – als Sieger hervor.

Ein Ziel des christlichen Neuplatonikers Boethius (480–524) war es zu zeigen, daß Aristoteles und Platon

Illuminationstheorie

Augustinus will die Frage beantworten, wie der endliche Mensch zur Erkenntnis der ewigen Wahrheiten gelangen kann. Seine Illuminationstheorie (lat.: illuminatio = Erleuchtung) besagt: Wie die veränderlichen, körperlichen Dinge nur im äußeren Licht gesehen werden können, so ist die geistige Erkenntnis der Ideen nur in einem inneren, geistigen Licht möglich. Dank der Einstrahlung ewiger Wahrheiten durch den göttlichen Geist in den menschlichen Geist sind wir befähigt, diese zu schauen. Darüber hinaus können wir uns in bezug auf die Ideen, die ewigen Maßstäbe, ein Urteil über die Dinge bilden.

im wesentlichen übereinstimmen. Er übersetzte einen Teil der aristotelischen Logik ins Lateinische und übermittelte sie so dem Mittelalter. Die Scholastik verdankt ihm ihre lateinische Begrifflichkeit. Boethius stellte sich nachdrücklich die Frage nach der Wirklichkeit der Allgemeinbegriffe (Universalienproblem) – eine Frage, die während des gesamten Mittelalters erörtert wurde. Von Theoderich ins Gefängnis geworfen, schrieb er sein berühmtestes Buch, den »Trost der Philosophie«.

Einen großen Einfluß auf das Mittelalter übte der vorgebliche Apostelschüler Dionysius Areopagita (5. Jh.) aus. Seine Schriften wurden zur Zeit der Renaissance als Fälschungen erkannt (daher: Pseudo-Dionysius), die um 500 in Syrien entstanden waren. Dionysius versucht, die christliche Lehre im Rahmen der neuplatonischen Philosophie auszudrücken. Gott ist der Überseiende, Übereine, Übergute. Die positive Theologie legt Gott Eigenschaften bei, z. B.: Gott ist gut. Sie bildet einen ersten Weg zu Gott, muß jedoch von der höheren, negativen Theologie korrigiert werden. Diese verneint alles End-

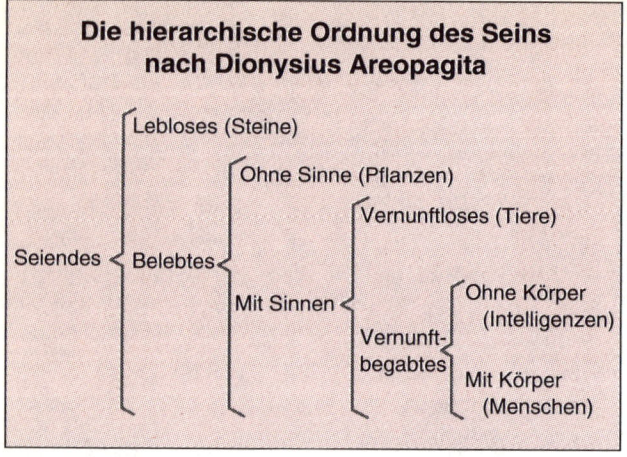

Die hierarchische Ordnung des Seins nach Dionysius Areopagita

Seiendes
- Lebloses (Steine)
- Belebtes
  - Ohne Sinne (Pflanzen)
  - Mit Sinnen
    - Vernunftloses (Tiere)
    - Vernunftbegabtes
      - Ohne Körper (Intelligenzen)
      - Mit Körper (Menschen)

lich-Geschöpfliche von Gott, um in die mystische Theologie einzumünden. Ziel dieses Wegs ist es, in mystischer Ekstase (griech.: mystikos = geheimnisvoll) jenseits aller Begrifflichkeit und Bestimmbarkeit mit Gott eins zu werden. Nach Dionysius gehen die Dinge aus Gott in einer Stufenfolge hervor. Die hierarchische Seinsstufung wurde zu einem Grundthema der scholastischen Ontologie.

Mit dem 9. Jahrhundert beginnt die Periode der *Scholastik*. Johannes Scotus Eriugena (um 810–877) bezeichnet Gott als schaffende und nicht geschaffene Natur. Aus ihm gehen die geschaffene und schaffende Natur, die Ideen, hervor. Diese sind Urbilder der Einzeldinge, der geschaffenen und nicht schaffenden Natur. Endziel der Schöpfung ist ihre Rückkehr in Gott als nicht geschaffene und nicht schaffende Natur.

Anselm von Canterbury (1033–1109) ist berühmt für sein ontologisches Argument, mit dem er die Existenz Gottes vernünftig beweisen will. Danach findet die Vernunft in sich die Idee eines denkbar höchsten Wesens. Gott ist das, worüber hinaus nichts Größeres (Vollkommeneres) gedacht werden kann. Existierte nun dieses Wesen allein im Intellekt, so wäre es nicht das höchste Wesen. Denn dann könnte ein noch höheres Wesen gedacht werden, das nicht nur im Denken, sondern auch in der Wirklichkeit existiert. Zum Begriff der Vollkommenheit gehört für Anselm die reale Existenz. Die Idee des höchsten Wesens verlangt so, daß es nicht nur in der Vernunft, sondern auch in der Wirklichkeit existiert.

Im sogenannten »*Universalienstreit*« nimmt Peter Abaelard eine Position ein, die über den Gegensatz von Realismus und Nominalismus hinausführt. Abaelard studierte sowohl bei dem Realisten Wilhelm von Champeaux (1070–1121) als auch bei dem Nominalisten Roscelin von Compiègne (um 1050–1120). Letzterer lehrte, die Universalien seien bloße Worte. Nach Abaelard kann, im Unterschied zur realistischen Position, Univer-

---

Scholastik

Unter Scholastik (lat.: schola = Schule) versteht man die in den mittelalterlichen Schulen ausgebildete theologisch-philosophische Wissenschaft. Christliche Glaubenswahrheiten werden mittels der Vernunft begründet und ausgelegt. Scholastiker waren ursprünglich Lehrer der sieben freien Künste (artes liberales). Diese umfassen Grammatik, Dialektik und Rhetorik (trivium) sowie Arithmetik, Geometrie, Musik und Astronomie (quadrivium). Die Scholastik bezeichnet weiterhin eine Methode. Bestimmte Fragen werden in ihrem Für und Wider erörtert und gelöst. Die Ansichten der Vorgänger werden gegeneinander abgewogen und auf Stichhaltigkeit und Autoritätsbezug hin überprüft. Einen besonderen Beitrag zur Entwicklung der schloastischen Methode leistete Peter Abaelard (1079–1142).

Universalienstreit

Der mittelalterliche Universalienstreit entzündete sich an der Frage nach der Bedeutung der Universalien. Universalien sind Allgemeinbegriffe (z.B. Lebewesen, Mensch) im Unterschied zu Einzeldingen. Für den Universalienrealismus ist das Allgemeine von höherer Wirklichkeit als das Einzelne. Allein die Universalien existieren an sich. Die Einzeldinge sind lediglich unselbständige Ableitungen aus ihnen. Demgegenüber sieht der Nominalismus (lat.: nomen=Name) nur die Einzeldinge als real existierend an. Die Universalien sind bloß im menschlichen Geist vorhanden. Als Gedankendinge sind sie bloße Namen, keinesfalls aber etwas Dinghaftes an sich.

salität allein den Worten zugeschrieben werden. Er unterscheidet zwischen dem Wort als Naturlaut, der immer individuell ist, und dem Wort als Träger einer logischen Bedeutung, der sinnvollen Rede. Diese hat einen allgemeinen Gehalt. Abaelard sieht die menschlichen Begriffe nicht als willkürlich gebildet an. Sie sind das Ergebnis einer Abstraktion aus den Einzeldingen aufgrund von Ähnlichkeiten. Das unterscheidet Abaelards Haltung vom radikalen Nominalismus.

Vom 12. Jahrhundert an wurde das aristotelische Gesamtwerk durch Vermittlung arabischer und jüdischer Gelehrter dem Abendland bekannt. Besondere Bedeutung haben hier Avicenna (980–1037) und Averroes (1126–1198).

Schon bei Albertus Magnus (um 1200–1280), dann aber vor allem bei Thomas von Aquin (um 1225–1274) erfolgte eine entschiedene Hinwendung zum aristotelischen Denken. Thomas von Aquin war, wie sein Lehrer

Albertus Magnus Dominikaner. Er gilt als der bedeutendste Systematiker des Mittelalters. Aquin unterscheidet Theologie und Philosophie nach ihren Quellen und Methoden. Aufgabe der Philosophie ist – so Aquin – die Erkenntnis der von der natürlichen Vernunft allein beweisbaren Wahrheiten. Sie stellen die Vorbedingung des Glaubens an die übernatürlichen Offenbarungswahrheiten dar. Nach Thomas von Aquin ist es z. B. möglich, die Existenz Gottes mit den Mitteln der Vernunft zu beweisen. Die Dreieinigkeit Gottes hingegen ist eine allein dem Glauben zugängliche Offenbarungswahrheit. Die Philosophie kann allerdings zeigen, daß Offenbarungswahrheiten übervernünftig und nicht widervernünftig sind. Daher gibt es zwischen dem natürlichen und dem übernatürlichen Bereich keinen Widerspruch.

Hinsichtlich der unterschiedlichen Methoden gilt: Die Philosophie steigt vernünftig von den Geschöpfen zu Gott auf. Ausgangspunkt der *Gottesbeweise* sind die sinnfälligen Dinge der Welt. Die Beweise basieren auf dem Verbot eines »regressus ad infinitum« (Fortschreiten ins Unendliche). Die Theologie hingegen nimmt von Gott ihren Ausgang.

Aquin übernimmt die Grundbegriffe der aristotelischen Metaphysik in den Grenzen ihrer Vereinbarkeit mit den christlichen Dogmen. Die Universalien sind in den Dingen als deren substantielle Formen. Sie sind nach den Dingen im Intellekt als durch Abstraktion des Denkens gewonnene Begriffe. Schließlich sind sie im augustinischen Sinn vor den Dingen im Geist Gottes.

Zentral ist die Unterscheidung von Wesen, Essenz (was etwas ist) und Dasein, Existenz (daß etwas ist). Beide stehen im Verhältnis von Möglichkeit (Potenz) und Wirklichkeit (Akt) zueinander. Allein in Gott als der reinen Wirklichkeit (actus purus) fallen Wesen und Dasein zusammen. Bei den endlichen Dingen kommt das Dasein erst zu ihrem Wesen hinzu, sie werden geschaf-

Gottesbeweise

Thomas von Aquin gibt fünf Wege der natürlichen Gotteserkenntnis an. Sie führen von der Wirkung zurück auf die Ursache. Aus ihnen ergeben sich die fünf Gottesbeweise:

Der kosmologische Beweis: Alle Bewegung verlangt ein Bewegendes. Die Reihe von bewegten Bewegern kann jedoch nicht ins Unendliche zurückgehen. Es muß einen ersten, unbewegten Beweger geben, Gott.

Der Kausalbeweis: Jede Wirkung hat eine Ursache. Die Reihe der wirkenden Ursachen kann nicht ins Unendliche gehen. Es muß eine erste, selbst nicht verursachte Ursache geben, Gott.

Der Kontingenzbeweis: Unter Kontingenz versteht man die Zufälligkeit eines Dinges im Sinne der Möglichkeit zu sein oder nicht zu sein. Ein Ding kann sein oder nicht sein bedeutet: Es ist nicht aus sich selbst notwendig, sondern aus einem anderen. Ihm verdankt es sein Sein. Die Reihe der aus einem anderen notwendigen Dinge kann jedoch nicht bis ins Unendliche gehen. Es muß ein erstes, aus sich notwendiges Wesen geben, Gott.

Der Stufenbeweis: Als Ursache und Maß von mehr oder weniger großen Vollkommenheiten, muß es ein absolut Vollkommenes geben, Gott.

Der teleologische Beweis: Die zielgerichtete Einrichtung der Welt verweist auf einen einsichtigen, obersten Lenker, der die Zwecke setzt, Gott.

fen. Die Lehre von der Analogie des Seins besagt: Alles was ist, hat das Sein und ist durch das Sein. Doch es hat das Sein in verschiedener Weise. So ergibt sich ein stufenweiser, hierarchischer Ordnungsaufbau alles Seienden. Er reicht von der bloßen Möglichkeit der ersten Materie bis zur reinen Wirklichkeit Gottes. Grund der Vereinzelung und Vielheit ist die Materie (Individuationsprinzip). Der Mensch besteht aus einer unsterblichen Geistseele und der Materie. Erstere ist die Wesensform des menschlichen Leibes. Alles Geschaffene ist durch die Teilhabe an Gott, der die Welt aus dem Nichts schafft. Gott hat nicht Sein, sondern ist es.

Das Ziel des Menschen, die ewige Glückseligkeit, ist die unmittelbare Anschauung Gottes. Für Thomas von Aquin hat die Erkenntnis den Vorrang vor dem Willen. Selbst der göttliche Wille ist durch den göttlichen Intellekt an die göttliche Weisheit gebunden.

Johannes Duns Skotus (um 1265–1308) schränkt die Vernunft zugunsten des Glaubens ein. Menschliches Wissen ist nur sicher, wo es auf die sinnliche Anschauung zurückgreifen kann. Für den Bereich der übernatürlichen Dinge ist der Mensch auf die Glaubenswahrheiten angewiesen. Nachdem sie ihm offenbart sind, kann er sie aber dann durchdenken. Gegenstand der Metaphysik ist nicht Gott, sondern das Sein.

Im Gegensatz zu Thomas von Aquin vertritt Duns Skotus die Lehre vom Vorrang des Willens gegenüber dem Intellekt. Der Wille verhält sich frei wählend zu den vom Intellekt vorgelegten Inhalten. Duns Skotus überträgt diese Bewertung des Willens auf Gott. Aus der Freiheit und Allmacht des göttlichen Willens geht die ganze Schöpfung hervor. Der Wille Gottes schafft, was die Weisheit Gottes entworfen hat.

Duns Skotus sieht den Grund der Vereinzelung nicht in der Materie. Vielmehr ist jedes Ding neben seinem allgemeinen »Was« (»Washeit«, lat.: »Quidditas«) durch ein besonderes »Dies« (»Dieshaftigkeit«, lat.: »Haecceitas«) gekennzeichnet. Das Individuelle besitzt eigenständige Realität. Hinsichtlich der Universalienfrage ist Duns Skotus Begriffsrealist. Mit seinem neuen Bewußtsein vom Wert der Individualität begründet er jedoch eine Haltung, die sich mit Voranschreiten der Neuzeit immer mehr verstärkt.

Wie Duns Skotus gehört auch Wilhelm von Ockham (um 1280–1378) den Franziskanern an. In der Universalienfrage ist er Nominalist. Erkenntnis ist nichts anderes als die unmittelbare Erfassung der konkreten Einzeldinge. Sie allein existieren. Das Allgemeine existiert lediglich im Denken und entsteht durch Abstraktion. Gott schafft nur Individuelles. Er will das Gute, aber es ist nicht bereits gut, sondern weil er es will, ist es gut. Ockham betont die freie Allmacht Gottes, der die Dinge auch hätte anders schaffen können. So sind weder die Menschwerdung noch andere von Gott bewirkte Ereignisse in sich sicher sinnvoll. Nach Ockham hätte Gott statt der menschlichen auch die Eselsnatur annehmen können. Die geschaffene Welt stellt für den Menschen lediglich eine Ansammlung von Fakten dar, an die er sich bei seinem Bemühen um Wissen halten muß. Es ist ihm unmöglich, Sinn und Zusammenhang der Welt aus vorangegangenen Gründen zu erkennen.

Als der bedeutendste Vertreter der mittelalterlichen Mystik gilt Meister Eckhart (um 1260–1327). Gott ist für Eckhart Intellekt oder Erkennen. Als Ursache alles Seins überschreitet er das Sein. So heißt es im Johannesevangelium: »Im Anfang war das Wort« und nicht: »Im Anfang war das Sein«. Eckhart ist nicht der Meinung, daß Gott erkennt, weil er ist, sondern weil er erkennt, ist er. So verstanden, ist Gott dann sehr wohl als Sein zu bestimmen. Im intellektuellen Akt des Sich-Erkennens zeugt Gott seinen Sohn, das Wort, und in ihm die Fülle der Ideen der Schöpfung. Indem Gott die Geschöpfe in einem schöpferischen Sinn denkt, gibt er ihnen Sein. Ohne ihn sind sie nichts.

Ein zentraler Gedanke Eckharts ist die Gottesgeburt im Menschen. Der Mensch findet in seinem Innersten den Grund seiner Teilhabe an Gott, den ewigen Grund der Seele oder das Seelenfünklein. In der Geistseele sieht Eckhart die Wesensform des Menschen. Sie ist als Erkennen ein Abbild Gottes. Entsprechend der Intensität, mit der sich die Seele von den vielfältigen Gegenständen abwendet und sich auf ihren Grund zurückzieht, macht sie sich empfangsbereit für Gottes Wesen. Das Wort Gottes, der Sohn, kann in der Seele geboren werden. Im Guten wird die Gutheit geboren, im Gerechten die Gerechtigkeit. Die Einheit mit Gott stellt sich in dem Maß her, wie der Mensch gut und gerecht ist. Sie ist keine statisch-dingliche Identität. Sie ist dynamisch zu verstehen als Vollzug.

Nikolaus von Kues (lat.: Cusanus, 1401–1464) steht mit seinem Denken an der Grenze zwischen Mittelalter und Neuzeit. Der Kerngedanke seiner Philosophie ist der vom Zusammenfall der Gegensätze (coincidentia oppositorum) in Gott. Gott ist für Nikolaus der unendliche Grund der Welt. In ihm fallen die im Bereich des Endlichen, Geschöpflichen bestehenden Gegensätze zusam-

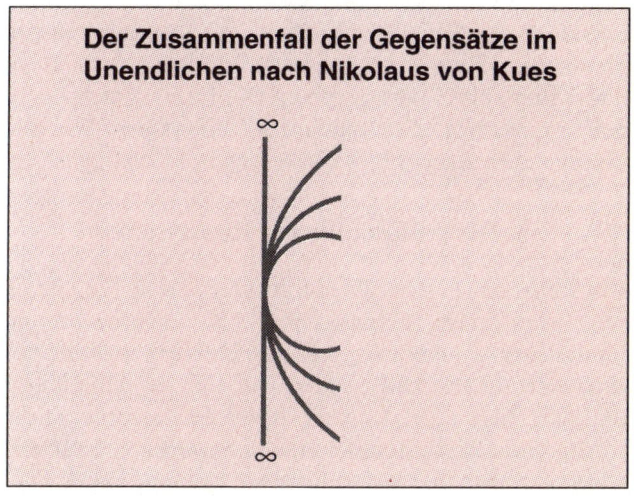

Der Zusammenfall der Gegensätze im Unendlichen nach Nikolaus von Kues

men. Gott ist zugleich das Größte und das Kleinste. Da er unendlich ist, kann es neben ihm kein Größeres oder Kleineres geben. Das Unendliche ist kein dem Verstand (ratio) angemessener Gegenstand. Dieser hat es allein mit dem Vielen, Endlichen und Gegensätzlichen zu tun. Er steht unter dem Satz vom Widerspruch. Erkennt der Mensch, daß er eigentlich nichts weiß, befindet er sich im Zustand der gelehrten Unwissenheit (docta ignorantia). Belehrt wird er durch die schauende Vernunft (intellectus). Durch diese vermag er den Zusammenfall der Gegensätze im Unendlichen zu berühren.

Die These vom Zusammenfall der Gegensätze in Gott besagt: Alles in der Welt als vereinzelt und gegensätzlich Entfaltete (explicatio) ist in Gott als eingefaltet (complicatio) zu verstehen. Die Geschöpfe sind eingefaltet in Gott. Entfaltet in der Welt sind sie Welt. Sie sind somit in Gott und in der Welt nicht von der gleichen Seinsweise. Kues Unendlichkeitsspekulation ist für die neuzeitliche Wissenschaftsgeschichte von besonderer Bedeutung. Die Welt stellt eine Zusammenziehung (contractio) Gottes oder des Unendlichen dar. Sie ist unendlich im Sinne der Endlosigkeit. Im durchgängig gleichartigen, grenzenlosen Weltraum kann es im absoluten Sinn kein Zentrum geben. Die Erde ist nicht mehr der feststehende Mittelpunkt des Universums. Wie alle himmlischen Körper bewegt sie sich.

3. Die Philosophie der Renaissance

Die Renaissance (frz.: Wiedergeburt) ist eine Epoche, in der Institutionen, Denksysteme und Glaubensweisen umgewälzt werden. Sie stellt eine Übergangszeit dar zwischen der sich auflösenden Tradition des Mittelalters und den Beginn der Neuzeit. In der Philosophie ist die Renaissance keine Zeit der großen Systeme. Charakteristisch ist vielmehr eine umfassende Neubesinnung. Dies

Humanismus

Das Ideal des vorwiegend literarisch ausgerichteten Humanismus ist eine an der Antike orientierte humane (menschliche) und nicht theologische Bildung. Zentral ist die höhere Bewertung des Individuellen. Die Bezeichnung Humanismus leitet sich ab aus den »studia humanitatis« (Bemühungen um das Menschsein).

zeigt sich in einer Rückbesinnung auf die Antike, auf die Unmittelbarkeit der echten Quellen ohne Rücksicht auf theologische Bindungen und Zwecke.

Schon im 14. Jahrhundert wandte sich in Italien der Dichter Petrarca der Antike zu. Die auf ihn zurückgehende Geistesbewegung des *Humanismus* ist gekennzeichnet durch eine ablehnende Haltung gegenüber der erstarrten Tradition der Scholastik.

Die neue Geisteshaltung verbreitet sich über ganz Europa. Bedeutende Vertreter sind Thomas Morus in England, Erasmus von Rotterdam in den Niederlanden sowie Michel de Montaigne in Frankreich.

Der italienischen Renaissancephilosophie geht es besonders um die Wiederentdeckung von Platon und Plotin. Vor allem der griechische Gelehrte Plethon übermittelte authentische Kenntnisse von ihnen. Nach der Eroberung von Konstantinopel durch die Türken (1453) und der Vertreibung von griechischen Gelehrten verstärkte sich diese Bewegung. Angeregt von Platon gründete Cosimo di Medici (1389–1464) eine platonische Akademie (1459), an der Marsilio Ficino (1433–1499) die Werke Platons ins Lateinische übersetzte.

Die Naturphilosophie erlebt eine Blüte. Ihr besonderes Interesse gilt der Stellung des Menschen in der Natur. Der Mensch ist ein Mikrokosmos, eine kleine Welt, in

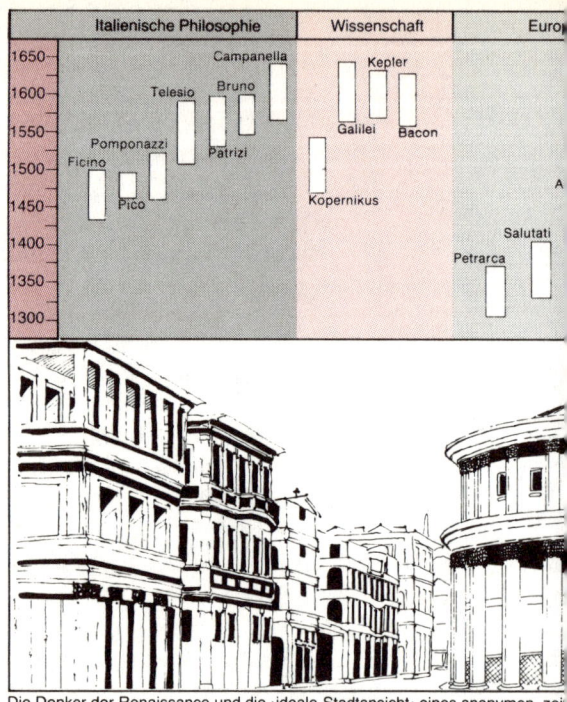

Die Denker der Renaissance und die ›ideale Stadtansicht‹ eines anonymen, zei...

der sich der Makrokosmos, die große Welt, spiegelt. Dieselben Kräfte finden sich im Universum und im Menschen. Der Mensch eignet sich von daher vorzüglich als Studienobjekt zur Lösung der Rätsel der Natur.

Für Giordano Bruno (1548–1600), den bedeutendsten Naturphilosophen der Renaissance, ist das Universum unendlich, denn der unendliche Gott kann nur Unendliches schaffen. Mit dem Gedanken der Unendlichkeit des Universums verknüpft Bruno den der dynamischen Einheit und Ewigkeit der Welt. Alle Einzeldinge sind vergänglich, allein das Universum als Ganzes ist ewig. Es hat außer sich nichts, es ist selbst alles Sein. Als lebendi-

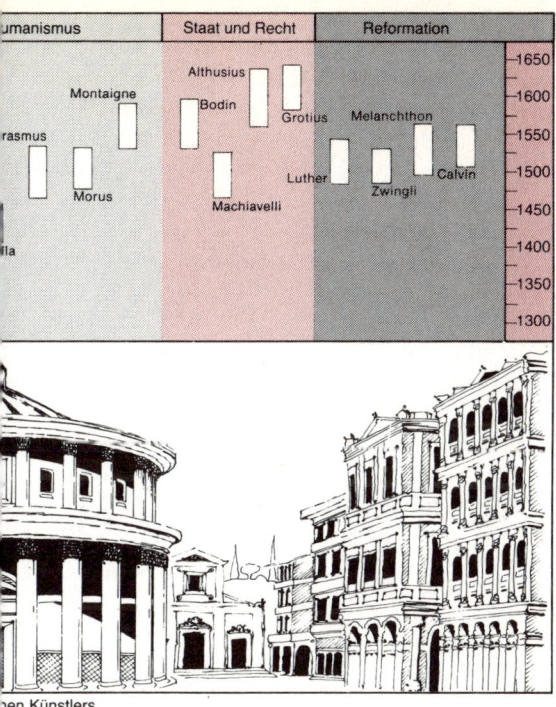

Althusius
Montaigne
Bodin
Grotius
Melanchthon
rasmus
Luther
Calvin
Morus
Zwingli
Machiavelli
lla

1650
1600
1550
1500
1450
1400
1350
1300

nen Künstlers

ger Organismus bildet die Welt eine dynamische Einheit. Sie wird von einem einzigen Prinzip beherrscht. Dieses alles beseelende Prinzip nennt Bruno »Gott«. Wie Nikolaus von Kues sieht er in Gott alle Gegensätze zusammenfallen. Gott ist das Größte und das Kleinste. In ihm ist alles Sein eingefaltet, die Einzeldinge sind seine Entfaltung. Unvereinbar mit dem Christentum und anders als Kues beschreibt Bruno das Verhältnis Gottes zur Welt. Gott ist nicht über und außerhalb der Welt, er ist in ihr.

Aufgrund eines neuen Wissenschafts- und Methodenbewußtseins wird der entscheidende Schritt zur modernen Naturwissenschaft getan. Man sucht nach Metho-

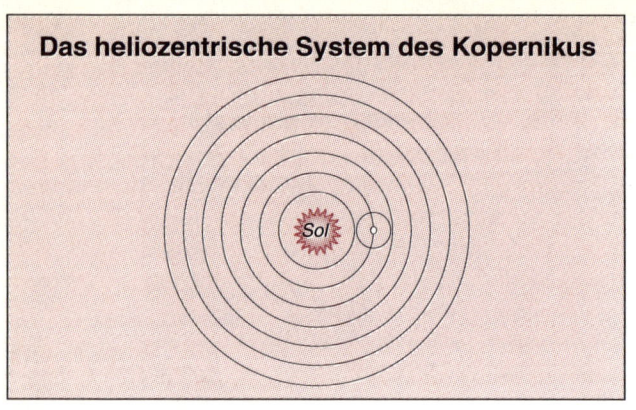

Das heliozentrische System des Kopernikus

Sol

den, um die Natur durch Erfahrung zu befragen. Zentrale Bedeutung gewinnt das mathematisch kontrollierte Experiment. Das Studium der Welt wird aufgewertet. Es stützt sich allein auf Vernunft und Erfahrung ohne Rücksicht auf theologische Vorgaben. Die Wissenschaft handelt von quantitativen, zahlenmäßig bestimmbaren und somit meßbaren Verhältnissen. Vor allem in der Astronomie werden Fortschritte erzielt. Nikolaus Kopernikus (1473–1543) begründet das heliozentrische Weltbild. Die Erde ist ein Körper, der um die Sonne kreist und sich um seine eigene Achse dreht. Begrenzt ist das Weltall durch die Fixsternsphäre. Galileo Galilei (1564–1642) vermag es, die Prinzipien einer rein quantitativen, mathematischen und mechanischen Naturwissenschaft zu formulieren und anzuwenden. Das Buch der Natur ist für ihn in mathematischer Sprache geschrieben.

Nach Francis Bacon (1561–1626) besteht das Ziel der Wissenschaft in der Beherrschung der Natur. Sie soll den praktischen Interessen des Menschen nutzbar gemacht werden. Der Mensch vermag die Natur jedoch nur soweit zu beherrschen, wie er sie kennt. Von Bacon stammt das Wort: »Wissen ist Macht«.

Um zur Kenntnis der Natur zu gelangen muß sich der

Mensch seiner Vorurteile und Trugbilder (Idole) entledigen. Bacon beschreibt diese in seiner *Idolenlehre*. Sodann ist es notwendig, die richtige wissenschaftliche Methode zu entwickeln. Diese sieht Bacon in der Induktion, d. h. dem von Einzelbeobachtungen zu allgemeinen Begriffen und Vorstellungen aufsteigenden Verfahren. Allein das Zurückgehen auf die Erfahrung, die Befragung der Natur selbst, führt zum gewünschten Ziel. Hierbei gilt es, systematisch mit geordneten Wahrnehmungen und gezielten Experimenten zu arbeiten, um durch Verallgemeinerung die allgemeinen Formen der Natur zu erfassen. Die Anwendung der Induktion kennzeichnet Bacon als einen der Väter des Geistes der neuen Zeit. Indem er am Begriff der Form festhält, bleibt er jedoch im scholastischen Denken befangen.

Das Zeitalter der Renaissance ist das Zeitalter der Ent-

Idolenlehre

Francis Bacon nennt vier Arten von Idolen (Trugbilder, Vorurteile) des Menschen:

1. Idola tribus (Trugbilder des menschlichen Stammes). Hierbei handelt es sich um die allen Menschen gemeinsamen Täuschungen der Sinne und des Verstandes.
2. Idola specus (Trugbilder der Höhle). Sie liegen im Individuum selbst und entstehen aufgrund von Anlage, Gewohnheit, Neigung und Erziehung.
3. Idola fori (Trugbilder des Marktes). Gemeint sind sprachbedingte Trugbilder, die zu Irrtümern und falscher Beilegung von Bedeutungen führen.
4. Idola theatri (Trugbilder des Theaters). Sie stammen aus überkommenen Lehrsätzen der Schulphilosophie, etwa der Anwendung unzutreffender Beweisverfahren.

deckungen fremder Länder und Völker. Zahllose Erfindungen, z. B. die des Buchdrucks, bereiten den Weg in eine technische Zukunft. Charakteristisch ist auch das erwachende Nationalbewußtsein.

Mit Niccolò Machiavelli (1469–1527) beginnt eine neue Richtung der politischen Philosophie. Der Zusammenhang von Politik und Moral wird aufgehoben. Machiavelli geht es nicht mehr um einen auf idealen Rechtssatzungen aufgebauten Staat. Er will vielmehr die Realität analysieren und so den Weg zu einem geordneten Staatswesen weisen. Grundlage hierfür sind ihm Machtwille und Tüchtigkeit des Herrschers. Glück und Unglück hängen von der Tatkraft sowie von zufälligen äußeren Umständen ab.

Mit dem Aufstreben der Städte gewinnt das Bürgertum an Bedeutung. Es beginnt, sich von der strengen wirtschaftlichen Bindung und festen ständigen Ordnung

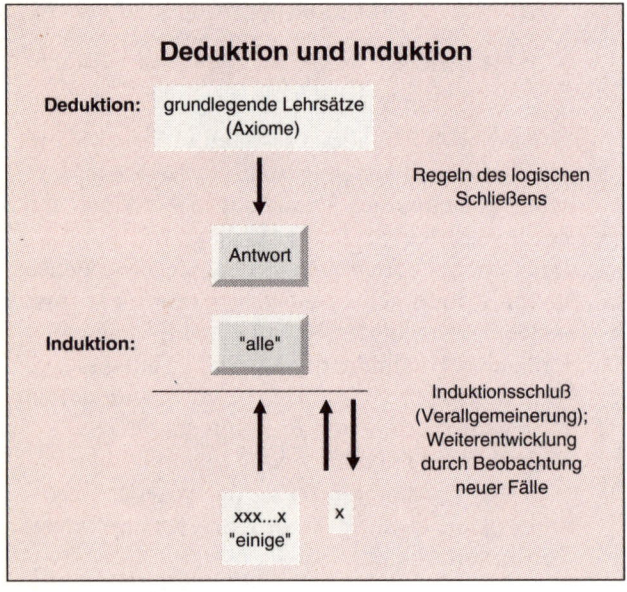

Deduktion und Induktion

Deduktion: grundlegende Lehrsätze
(Axiome)

Regeln des logischen
Schließens

Antwort

Induktion: "alle"

Induktionsschluß
(Verallgemeinerung);
Weiterentwicklung
durch Beobachtung
neuer Fälle

xxx...x
"einige"

x

der mittelalterlichen Gesellschaft zu lösen. Der bestimmende Einfluß auf das Geistesleben geht von der Geistlichkeit auf die Laien über. Die Renaissance ist auch die Zeit der Reformation. Den Reformatoren geht es um die Emanzipation des Menschen zur persönlichen Freiheit. In der Freiheit Christi steht der Mensch selbstverantwortlich vor Gott. Er bedarf keiner päpstlichen oder klerikalen Vermittlung.

4. Die Philosophie der Neuzeit und der Gegenwart

René Descartes gilt als der Vater der neuzeitlichen Philosophie und Begründer des modernen *Rationalismus*. Eigentlicher Ausgangspunkt seiner Philosophie ist der methodische Zweifel. D. h., Descartes sucht, indem er an allem zweifelt, ein nicht mehr anzuzweifelndes geistiges Fundament. Sein Zweifel richtet sich zunächst gegen die Wahrheit der Sinneserkenntnis, denn es gibt Sinnestäuschungen. Auch die Behauptung der alltäglichen Existenz ist bezweifelbar, denn es gibt Träume. Selbst die denknotwendigen Kategorien der Logik und Mathematik lassen sich bezweifeln, denn ein allmächtiger Lügengeist (genius malignus) könnte den Menschen diese Denknotwendigkeiten nur vorgaukeln. Sind auch alle die genannten Zweifel möglich, und wird der Mensch von einem Lügengeist ständig getäuscht, ist doch sicher: Mag ich auch noch so sehr getäuscht werden, so bin ich es doch, der in seinem Denken getäuscht wird. Selbst die vollkommenste Täuschung setzt voraus, daß ich als Getäuschter existiere: »Cogito ergo sum – Ich denke, also bin ich«. Auf dieses unumstößliche Fundament baut Descartes nun alles weitere Wissen architektonisch auf.

Unter den Vorstellungen des Denkens findet der Mensch auch die Idee Gottes. Diese Idee eines unendlich vollkommenen Wesens kann nicht aus ihm selbst stammen, denn der Mensch ist endlich. Woher aber stammt

Rationalismus

Der Rationalismus (lat.: ratio = Vernunft, Verstand) umfaßt jene philosophischen Richtungen, die das Denken, den Verstand, die Vernunft, die logische Ordnung in den Mittelpunkt ihrer Betrachtungen stellen. Als geistige Bewegung der Aufklärung im 17. und 18. Jahrhundert erfährt der Rationalismus seine Systematisierung durch Descartes, Spinoza und Leibniz. Für den Rationalismus bedeutet logisch, rational oder vernünftig zu denken mit Gewißheit zu erkennen. Hauptquelle der menschlichen Erkenntnis ist die Vernunft. Die Empfindungen der Sinneserkenntnis sind bloß konfuse, verworrene Begriffe. Der Rationalismus unternimmt den Versuch, die Wesensstruktur der Welt nach Art der Geometrie (more geometrico) aus den obersten metaphysischen Prinzipien, den ewigen Grundwahrheiten, widerspruchslos abzuleiten. Er geht dabei davon aus, daß die obersten metaphysischen Wahrheiten der Vernunft eingegeben sind. Die Vernunft befindet sich schon im Besitz bestimmter Wahrheiten, sogenannte eingeborener oder angeborener Ideen und Begriffe (ideae innatae). Aufgrund dieser angeborenen Vernunftstrukturen ist es für den Rationalismus möglich, allein im vernünftigen Denken unbeirrbar das Wahre zu finden.

dann die Gottesidee? Sie kann nur von Gott selbst stammen. Die Idee Gottes ist der Beweis für die Existenz Gottes. Zur Idee Gottes als des vollkommensten Wesens gehört weiterhin die Wahrhaftigkeit. Lug und Trug entspringen einem Mangel. Gott kann mich deshalb nicht täuschen wollen, die Hypothese eines Lügengeistes zerschlägt sich. Aus der Idee Gottes und seiner Wahrhaftigkeit folgt nun, daß auch alles andere, was klar und deutlich (clare et distincte) erkannt wird, wahr ist. Was uns die von Gott geschenkte Vernunft klar und deutlich zeigt, ist wahr. Nicht die äußeren und inneren Sinneswahrnehmungen sind zuverlässig, wohl aber die uns angeborenen Vernunftstrukturen, die »eingeborenen Ideen« (ideae innatae). Der Mensch hat eine klare und deutliche Vorstellung von der körperlichen Welt. Also existiert sie. Ihre wesentliche Eigenschaft ist die Ausdehnung. Ferner ist sie bestimmt durch Bewegung sowie durch Gestalt, Größe, Anzahl, Ort und Zeit. Diese sind die primären Eigenschaften der Körper. Sie sind rational, denn sie sind quantitativ und mathematisch faßbar.

Für Descartes ist somit die Existenz Gottes, des Denkens (cogitatio) und der Ausdehnung (extensio) bewiesen. Gott ist die ungeschaffene *Substanz*, Denken und Ausdehnung sind die geschaffenen Substanzen. Letztere bezeichnet Descartes als »res cogitans« (denkende Substanz) und »res extensa« (ausgedehnte Substanz).

Der Mensch ist aufgespalten in Ausdehnung und Denken. Man spricht deshalb von einem *Dualismus* zwischen »res cogitans« und »res extensa«. Beide stehen beziehungslos nebeneinander. Seinem Leib nach ist der Mensch, wie übrigens alle anderen Lebewesen, eine komplizierte Maschine. Tiere sind Automaten ohne Seele, der Mensch unterscheidet sich nur durch seinen

---

Substanz

Substanz bezeichnet das, was als das Bleibende unter den Erscheinungen steht. Sie ist das, was durch und in sich selbst ist, also das Selbständige. Sie ist nicht an oder in einem anderen, bzw. durch ein anderes. Als Beharrendes steht sie im Gegensatz zu den wechselnden Zuständen und Eigenschaften.

Dualismus

Unter Dualismus (lat.: duo = zwei) versteht man das Nebeneinanderbestehen zweier verschiedener, nicht zu einer Einheit zusammenführbarer Prinzipien, Zuständen oder Denkweisen. Descartes Dualismus bezeichnet die Begriffspaare Seele und Leib bzw. Denken und Ausdehnung.

Geist von ihnen. Der scharfe Dualismus von Seele und Körper, von geistig-seelischen und materiellen Phänomenen, die getrennt und nach eigenen Prinzipien ablaufen, bringt jedoch große Probleme mit sich. Denn dann ist es unmöglich, daß sich geistige Tätigkeit und physische Welt beeinflussen. Descartes macht deshalb für den Menschen eine Ausnahme: Die Verbindungsstelle zwischen den geistigen Akten der »res cogitans« und der Körperwelt, die als »res extensa« gekennzeichnet ist, sieht er in der Zirbeldrüse im Gehirn. Hier sollen die physikalischen Impulse der Nervenbahnen in den Geist überführt werden und umgekehrt.

Das mit dem Leib-Seele-Dualismus gegebene Problem und die Frage nach einer möglichen Wechselwirkung zwischen Leib und Seele beschäftigen die folgenden Philosophen und philosophischen Schulen.

Descartes bestimmt die Substanz als dasjenige Seiende, das zu seinem Sein keines anderen Seienden bedarf. Zwar nimmt er für den endlichen Bereich die beiden Substanzen »res cogitans« und »res extensa« an, im strengen Sinn aber kann es nur eine Substanz geben.

Baruch de Spinoza (1632–1677) kennt von daher nur noch eine einzige, unendliche und ewige Substanz, Gott. Ausdehnung (extensio) und Denken, Beseeltheit (cogitatio) sind lediglich die beiden Attribute (wesentliche Eigenschaften) der unendlich vielen Attribute Gottes, die der Mensch zu begreifen vermag. Alle Einzeldinge und Ideen sind Seinsweisen (modi) der einen göttlichen Substanz. Außer ihr gibt es kein Sein und keinen Gott. Gott ist so alles in allem, die Natur selbst ist Gott. Spinoza wendet die von Descartes geschaffene mathematische und naturwissenschaftlich kausale Denkmethode an: Nur die mathematische Denkweise führt zur Wahrheit, denn die gesamte Welt wird beherrscht von einer unentrinnbaren mathematischen Folgerichtigkeit. Willensfreiheit gibt es weder für Gott noch für den Menschen. Spinoza vertritt einen strengen *Determinismus*. Die Menschen halten sich für frei und glauben nach bestimmten

Der kartesianische Dualismus

Geist und Leib sind getrennt.

Die Seele und die Materie nach Spinoza

Seele und Materie sind zwei Aspekte einer einzigen Substanz.

Determinismus

Unter Determinismus (lat.: determinare = begrenzen) versteht man die gesetzmäßige Bestimmtheit aller Wirklichkeit. Näher betrachtet, sieht der Determinismus die menschlichen Willensbewegungen stets durch äußere oder innere Ursachen in ihrer Zielrichtung notwendig bestimmt. Freiheit kann es daher nicht geben.

Zwecken handeln zu können, weil sie sich ihrer Determiniertheit nicht bewußt sind. Wahre Freiheit besteht in der Einsicht in das Notwendige. So befreit sich die Vernunft von den Affekten, die sie von ihrer Vervollkommnung trennen, in dem Maß, wie sie adäquat erkennt. Erkennt der Mensch alles als mit Notwendigkeit in Gott gegründet und fügt sich in den von Gott bestimmten Lauf der Welt, wird er wahrhaft frei. Die höchste Form der Erkenntnis ist die Gotteserkenntnis. Als höchste Tugend bezeichnet Spinoza deshalb das liebende Erkennen Gottes (amor Dei intellectualis).

Nach Spinoza gründen die Ideen allein in dem Attribut des Denkens (cogitatio), die Körper allein in dem Attribut der Ausdehnung (extensio). Da die seelischen und körperlichen Vorgänge beim Menschen substantiell dieselben sind, nur unter verschiedenen Attributen, kann es keine Wechselwirkung zwischen Dingen und Ideen, Körper und Geist geben. Vielmehr ist die Ordnung und Verknüpfung der Ideen dieselbe wie die Ordnung und Verknüpfung der Dinge. Körper und Geist sind zwei Aspekte des Menschen. Ihr Verhältnis kann als Parallelismus gefaßt werden.

Das Kernstück der Philosophie von Gottfried Wilhelm Leibniz (1646–1716) bildet die sogenannte Monadenlehre. Gegen Descartes betont Leibniz, daß es keine ausgedehnte Substanz geben könne, denn diese wäre teilbar. Das Kriterium der Substanz sieht er allein in ihrer Wirkung, Kraft. D. h., hinter der sichtbaren Wirklichkeit, der extensio, wirken individuelle, unsichtbare Kraftzentren, die Monaden (griech.: monás = Einheit). Man hat sich die Monaden als Einheiten von höchst unterschiedlichem Bewußtseinsleben zu denken, das in den Monaden von Mineralien und Pflanzen gleichsam schlummert, sich aber von Stufe zu Stufe mehr entfaltet. So besitzen Tierseelen Empfindungen und Gedächtnis, während Menschenseelen zu klaren und deutlichen Vorstellungen fähig sind. In Gott als der obersten Monade finden sich ausschließlich deutliche Vorstellungen. Er ist die Urmonade und damit der Urgrund der Welt; alle anderen Monaden sind ihre Ausstrahlungen.

Was uns als Körper erscheint, ist nichts anderes als eine Zusammensetzung von vielen Monaden. Vorbild hierfür ist der Organismus. Eine Zusammensetzung wird von einer bestimmten Kraft, einer Zentralmonade beherrscht. Sie beherbergt die Ziele, für welche die Monaden wirken, sie lenkt die anderen Monaden in ihrer Wirkung. Leibniz bezeichnet die Zentralmonade in bevorzugtem Sinn als die Seele des Menschen, obgleich im allgemeinen Sinn alle Monaden Seelen sind. Fehlt die Zentralmonade, ist ein Körper nichts weiter als ein unorganischer Haufen.

Was in den einzelnen Monaden geschieht, vollzieht sich lediglich an ihnen selbst, ohne Einwirkung anderer Monaden. Dennoch steht alles monadische Geschehen in zweckmäßigem Einklang. Dies, weil Gott jeder Monade ein gleichgestimmtes inneres Gesetz mitgegeben hat. Indem die Monade diesem Gesetz ihrer inneren Entwicklung mit voller Selbständigkeit folgt, steht sie zugleich mit allen anderen Monaden in genauer Übereinstimmung. Gott hat von Anfang an alle Monaden so geschaffen, daß sie in Einklang miteinander stehen, es herrscht eine »prästabilierte Harmonie«. Das Zusammenspiel aller Monaden ist hierbei so vollkommen parallel geschaltet wie zwei vollendet gleichgehende Uhren.

Das Bild der beiden Uhren wendet Leibniz auf das Leib-Seele-Problem an. Um zwei Uhren zu synchronisieren, kann man sie entweder nachträglich verbinden, sie immer wieder aufeinander einstellen oder sie perfekt eingestellt ihrer Eigengesetzlichkeit überlassen. Letzteres ist für Leibniz der Fall. Die Handlungen der Körper nach den Gesetzen der Wirkursachen oder Bewegungen und die der Seelen nach Begehrungstrieben und Zwecken stimmen vollkommen überein, gemäß der prästabilierten Harmonie.

Der persönliche Schöpfergott, die höchste Monade, hat in seiner Allweisheit, Allgüte und Allmacht diejenige Welt unter allen denkbaren Welten ausgewählt, die die beste ist. Daß Gott die bestmögliche Welt geschaffen hat, bedeutet nicht, daß diese eine Welt ohne Leid wäre, aber die Übel können Gott nicht angelastet werden, sondern sind Folgen der Existenz der endlichen Welt.

Während auf dem Kontinent die rationalistischen Systeme entstehen, herrscht in England ein mehr auf praktische Erfahrung bezogener Geist vor. Im Gegensatz zum kontinentalen Rationalismus erklärt der englische *Empirismus* nicht die Vernunft zur Hauptquelle der menschlichen Erkenntnis, sondern Sinnlichkeit und Erfahrung.

Bereits Francis Bacon (1561–1626) begründet den Empirismus. Eine Generation nach Bacon baut Thomas Hobbes (1588–1679) diese Lehre zu einer Philosophie aus, die sich strikt an den Prinzipien einer reinen Naturwissenschaft orientiert. Der Mensch ist für Hobbes nur Körper. Verstand und Vernunft sind sinnlicher Natur und lediglich graduell vom Sinnesleben der Tiere unterschieden. In dieser Tradition stehen John Locke (1632–1704) und David Hume (1711–1776).

Empirismus

Für den Empirismus oder die Erfahrungsphilosophie ist die Erfahrung alleinige Erkenntnisquelle. Das Nichterfahrbare ist nicht wirklich oder wenigstens nicht erkennbar. Ein besonderes Anliegen des Empirismus ist es, auch die Allgemeinbegriffe und allgemeinen Urteile durch bloße Erfahrung zu erklären.

Nach John Locke gibt es keine angeborenen, geistigen Ideen. Der Mensch kommt zur Welt mit einer Seele ohne Vorstellungen, gleichsam wie ein unbeschriebenes Stück Papier (tabula rasa). Er empfängt Vorstellungen, die die Dinge so darstellen, wie sie wirklich sind. Diese sogenannten »primären Sinnesqualitäten« der Dinge sind z. B. Ausdehnung, Undurchdringlichkeit, Gestalt, Zahl und Bewegung. Von ihnen unterscheidet Locke die sogenannten »sekundären Sinnesqualitäten«, z. B. Wärme, Töne, Farben, Geräusche und Gerüche. Es handelt sich hierbei um Eigenschaften, die den Dingen nicht selbst zukommen. Sie entstehen im Menschen als rein subjektive Vorstellungen. Durch Selbstbeobachtung vermag der Mensch in sich das Vorstellen selbst wahrzunehmen. Zum Bereich der Selbstbeobachtung gehören Wahrnehmung, Erinnerung, Unterscheiden, Vergleichen, Benennung und Abstraktion. Alle Erkenntnisse leiten sich letztlich aus äußerer Erfahrung (sensation) und innerer Erfahrung bzw. Selbstbeobachtung (reflexion) ab. Nichts ist im Geist, was nicht zuvor im inneren oder äußeren Sinn war.

Den unmittelbaren Gegenstand der menschlichen Erfahrung bilden nach David Hume, dem bedeutendsten Philosophen der englischen Aufklärung, die Bewußtseinsinhalte (perceptions). Diese lassen sich unterscheiden in Eindrücke (impressions) und Vorstellungen (ideas). Eindrücke sind Sinneswahrnehmungen und innere Selbstwahrnehmungen wie Emotionen und Affekte. Vorstellungen sind lediglich Abbilder von Eindrücken. Sie sind Gegenstand des Nachdenkens, Erinnerns und Einbildens. Da alle einfachen Vorstellungen aus Eindrücken entstehen, ist es nicht möglich, etwas vorzustellen oder zu denken, was nicht in der unmittelbaren Wahrnehmung gegeben war. Nach Hume gibt es keine abstrakt-geistigen, unsinnlichen Begriffe.

Der Mensch hat allerdings aufgrund seiner Einbildungskraft (imagination) die Fähigkeit, aus einfachen Vorstellungen komplexe Vorstellungen zu bilden, die nicht einem unmittelbaren Eindruck entspringen. Die Verbindung von Vorstellungen erfolgt nach Ähnlichkeit, raumzeitlicher Berührung und Verursachung. Hume nennt die Verknüpfungsgesetze »Assoziationsgesetze«. Die Ähnlichkeitsassoziation hat ihr Anwendungsgebiet im Bereich der mathematisch-geometrischen Wissenschaften, also im Bereich der Vernunftwahrheiten. Hume geht es hierbei um Vorstellungsbeziehungen, d. h. nicht um objektive Seins-, sondern um subjektive Ablaufgesetze des menschlichen Seelenlebens. Für die Tatsachenwahrheiten bemüht Hume die raum-zeitliche Berührungsassoziation sowie die Assoziation von Vorstellungen mit Hilfe der Beziehung von Ursache und Wirkung. Die Tätigkeit der Seele erschöpft sich im Verknüpfen und Trennen von Vorstellungen. Dies gilt in besonderem Maß für den Begriff der Kausalität. Das Verhältnis von Ursache und Wirkung stellt keine den Objekten eigene, notwendig Verknüpfung dar, denn diese Notwendigkeit läßt sich empirisch nicht beobachten. Die Idee einer streng notwendigen Kausalverknüpfung zwischen einer Ursache A und ihrer Wirkung B stammt nicht aus unserer Erfahrung, der einzig legitimen Quelle unserer Erkenntnis. Hume erklärt das Phänomen der Kausalität deshalb psychologisch: Es beruht lediglich auf einem bloß vorgestellten Nacheinander von Eindrücken. Die Ereignisse A und B werden als kausal verknüpft bezeichnet, wenn ihre Aufeinanderfolge häufig beobachtet wird. Ihre ständige zeitliche und räumliche Assoziation erweckt im Menschen das Gefühl, daß der Ablauf immer so sein muß. Die kausale Verknüpfung geschieht allein aufgrund von Gewohnheit.

Es lassen sich somit nur Aussagen über die gewohnheitsmäßige Aufeinanderfolge von Vorstellungen treffen, nicht aber über das Wesen der Dinge. Der metaphysische Gottesbeweis mit Hilfe des Kausalprinzips wird also unmöglich.

Immanuel Kant (1724–1804) berichtet, Hume habe ihn aus dem dogmatischen Schlummer, d. h. aus einem blinden Vertrauen auf Beobachtung und eingeborene Ideen, geweckt. Mit Hume ist er der Ansicht, daß alle menschliche Erkenntnis aus der Erfahrung entsteht. Nun hatte Hume überzeugend dargelegt, daß Erfahrungsurteile keine Notwendigkeit im strengen Sinn vermitteln. Sie sind allenfalls sehr wahrscheinlich. Wie aber ist dann die sichere Geltung von Mathematik und Naturwissenschaften zu erklären, von der Kant überzeugt ist? Die Grundfrage der »Kritik der reinen Vernunft« lautet deshalb: Wie sind *synthetische Urteile a priori* möglich? Um das gezeigte Dilemma zu lösen kehrt Kant das Verhältnis um. Statt wie Hume die Begriffe durch die Erfahrung zu erklären, will er eine Erklärung der Erfahrung durch die Begriffe vornehmen. D. h., nicht die Welt schreibt den Wissensinhalten ihre Struktur vor, sondern umgekehrt: Das autonome Subjekt prägt gewissen unstrukturierten Vorgaben, den Dingen an sich, seine Form auf. Nicht die Natur ist es, die uns die Gesetze vermittelt, sondern wir schreiben der Natur die Gesetze vor. Alle Erkenntnis kommt somit für Kant sehr wohl durch die Erfahrung zustande, aber – und das ist der entscheidende Unterschied zu Hume und den Empiristen – sie stammt nicht allein

Synthetische Urteile a priori

Kant fragt nach der Möglichkeit von synthetischen Urteilen a priori (lat.: a priori = das Vorherige, das der Erfahrung Vorangehende). D. h., er will erstens solche Urteile begründen, die denknotwendig und allgemeingültig sind. Es handelt sich hierbei nicht um Urteile, die aus der Sinneserfahrung stammen (a posteriori = das Spätere, das nach oder aus der Erfahrung Kommende). Unter synthetischen Urteilen versteht Kant zweitens Urteile, die wirklich neue Erkenntnisse liefern, also Erweiterungsurteile. Sie sind zu unterscheiden von analytischen oder Erläuterungsurteilen. Ein analytisches Urteil ist z. B.: »Alle Körper haben Ausdehnung«, denn »Ausdehnung« ist im Begriff von »Körper« bereits enthalten. Ein synthetisches Urteil hingegen ist: »7+5=12«, denn der Begriff von »12« ist nicht in den Begriffen von »7«, »5« und dem des Addierens enthalten. Das Urteil ist weiterhin a priori, denn es stammt nicht aus der Erfahrung.

Nach Kant sind synthetische Urteile a priori, also Urteile, die den Bereich unserer Erkenntnisse erweitern und trotzdem nicht aus der Erfahrung stammen, als Prinzipien in allen theoretischen Wissenschaften enthalten. Die Kausalität beispielsweise ist für Kant als Erkenntnisprinzip a priori und synthetisch beschaffen.

aus ihr. Die Form, die die Erkenntnis annimmt und die das Rohmaterial der chaotischen Empfindungen unserer Sinne zur Erkenntnis verwandelt, stammt nicht aus der Erfahrung, sondern liegt im Subjekt selbst. Die Erkenntnis richtet sich nicht nach den Gegenständen, sondern die Gegenstände nach der Erkenntnis. Kant bezeichnet diese

Umkehrung der Blickrichtung als »kopernikanische Wende«. Erkannte Kopernikus die Bewegungen der Gestirne als Scheinbewegungen, so hat es nach Kant die Wissenschaft lediglich mit Erscheinungen (Phänomena) einer Welt der Dinge an sich (Noumena) zu tun. Letztere vermag die Vernunft nicht zu erfassen. Fragen nach den Bedingungen der Möglichkeiten von Erkenntnis heißen »transzendental«. Mit ihnen beschäftigt sich die »Transzendentalphilosophie«.

Die Umkehrung der Blickrichtung erlaubt nun einsichtige Deutungen im Bereich der Erscheinungen. Hier sind denknotwendige und allgemeingültige Urteile möglich. So gelten in der Mathematik die gleichen Gesetzmäßigkeiten für alle Menschen, weil allen Menschen die gleichen apriorischen Anschauungsformen, nämlich Raum und Zeit, zu eigen sind. Sie werden vom Subjekt den Dingen an sich aufgeprägt und ermöglichen erst so Erfahrung. Neben den Anschauungsformen verfügt das transzendentale Subjekt auch über Denkformen, transzendentale Begriffe. Es handelt sich hierbei um die sogenannten »Kategorien«, etwa die der Inhärenz und Subsistenz, Kausalität und Dependenz, Einheit usw. Mittels der Kategorien wird das durch Raum und Zeit strukturierte Anschauungsmaterial der Wahrnehmung zur allgemeingültigen Erfahrung objektiviert. Hierbei gilt, daß Anschauungen ohne Begriffe blind und Begriffe ohne Anschauungen leer bleiben. Die transzendentalen Begriffe entstammen nicht der Erfahrung, sie ermöglichen viel mehr die Erfahrung, denn sie sind Ordnungsformen unseres sinnlichen Empfindungsstoffes.

Wie ist nach dem Gesagten Metaphysik als Wissenschaft möglich? Nach Kant ist Metaphysik als Ontologie (metaphysica generalis) lediglich möglich als »Transzendentalphilosophie«, d. h., sie erklärt und begründet die Quellen und Synthesen unserer Erkenntnis. Die eigentliche Metaphysik (metaphysica specialis) mit ihren Gegenständen Gott, Seele und Welt als Ganzes, wird als Wissenschaft unmöglich. Der Grund ist eben, daß alle Erkenntnis an ein Erfahrungsfundament gebunden ist, auf welches die Kategorien angewendet werden können. Die Kategorien über dieses Erfahrungsfundament hinaus auf eine jenseitig-metaphysische Welt zu übertragen ist sinnlos, denn ohne sinnlich-wahrnehmbaren Stoff müssen die Denkformen »leer« bleiben.

Für Kant bezieht sich die Wissenschaft allein auf die Erscheinungen der Dinge an sich. Vernunft findet sich jedoch auch dort, wo etwas sein soll, also im Bereich des Handelns. Die Grundfrage der »Kritik der praktischen Vernunft« lautet deshalb: »Was sollen wir tun?«

War es bisher die herkömmliche Meinung, daß der Wille von äußeren Einflüssen gelenkt wird, so geht Kant davon aus, daß der Wille seine eigenen Gesetze hat. Er kann als »autonom« bezeichnet werden. Die menschliche Vernunft findet in sich das Faktum eines praktischen Vernunftgesetzes. Dieses gebietet unabdingbar (kategorisch). Das Gesetz kann aber offensichtlich nicht aus konkreten inhaltlichen Geboten bestehen, denn diese würden dem Prinzip der Autonomie und Freiheit des Willens widersprechen. Was bleibt, ist deshalb die bloße Form einer allgemeinen Gesetzgebung, der kategorische Imperativ: »Handle so, daß die Maxime deines Willens jederzeit als Prinzip einer allgemeinen Gesetzgebung gelten könnte.« Maximen oder subjektive Grundsätze sind erst dann sittlich gut, wenn sie den Kriterien des kategorischen Imperativs genügen. Eine Maxime z. B., nach der man morden dürfte, würde ihm nicht genügen, denn damit müßte man wollen, daß Morden zum allgemeinen Gesetz wird.

Die Befolgung des Sittengesetzes ist für Kant alleiniger Bestimmungsgrund des Willens. Mit der zur Tugend strebenden Sittlichkeit ist jedoch nicht die Glückseligkeit gegeben. Diese kann hinzutreten, muß aber nicht.

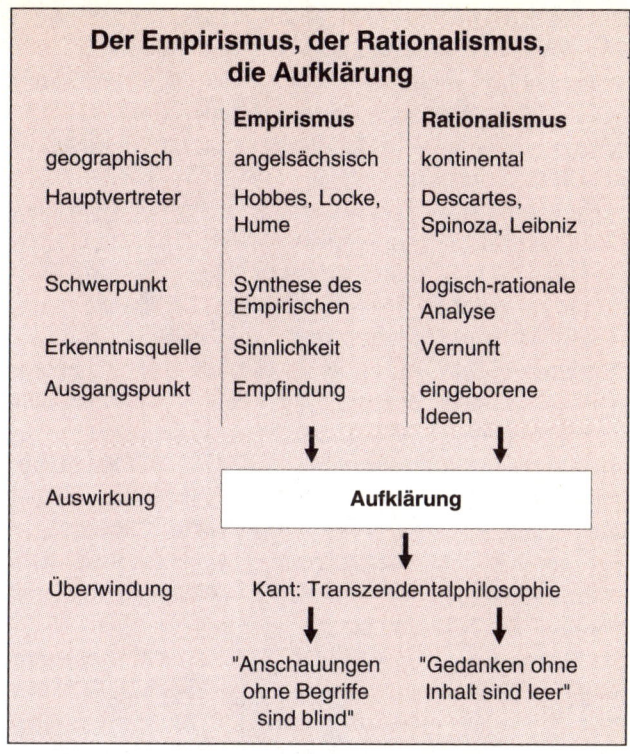

Der Empirismus, der Rationalismus, die Aufklärung

	Empirismus	Rationalismus
geographisch	angelsächsisch	kontinental
Hauptvertreter	Hobbes, Locke, Hume	Descartes, Spinoza, Leibniz
Schwerpunkt	Synthese des Empirischen	logisch-rationale Analyse
Erkenntnisquelle	Sinnlichkeit	Vernunft
Ausgangspunkt	Empfindung	eingeborene Ideen
Auswirkung	Aufklärung	
Überwindung	Kant: Transzendentalphilosophie	
	"Anschauungen ohne Begriffe sind blind"	"Gedanken ohne Inhalt sind leer"

Der kategorische Imperativ wäre nun sinnlos ohne das Vermögen der Freiheit, ohne welches Sittlichkeit undenkbar ist. Die Unsterblichkeit der Seele führt Kant noch vor der Existenz Gottes an, weil die sittliche Vollkommenheit in unserem kurzen Leben nicht erreicht werden kann. Weitere Bedingungen sind die Existenz Gottes, der nach Verdienst vergilt und eine genaue Übereinstimmung von Glückseligkeit und Sittlichkeit garantiert. Gott, Freiheit und Unsterblichkeit sind Kants drei Postulate der praktischen Vernunft. Damit hat Kant einen Weg gefunden, dem Dilemma von freiem Willen einerseits und kausaler Determination andererseits zu entgehen. Der Mensch ist gleichsam ein Bürger zweier Welten: Zum einen ist er ein Glied der Welt der Erscheinungen (Phänomena) und sein Körper ist der Kausalität unterworfen. Zum anderen ist er als moralisch Handelnder ein Glied der Welt der Dinge an sich (Noumena), in der Freiheit herrscht.

Kant schafft die Voraussetzungen für den deutschen Idealismus. Die Hauptvertreter dieser philosophischen Richtung sind: Johann Gottlieb Fichte (1762–1814), Friedrich Wilhelm Joseph Schelling (1775–1854) und Georg Wilhelm Friedrich Hegel (1770–1831), mit dem der deutsche Idealismus seinen Schluß- und Höhepunkt erreicht. Sein System stellt nach denen von Aristoteles und Thomas von Aquin das dritte große System der abendländischen Philosophie dar. Alle Erscheinungen der Wirklichkeit werden hier philosophisch in den Blick genommen und als Teile eines Ganzen, des Systems der Vernunft, gedacht. Hierbei vermag allein das System die Wahrheit darzustellen, kein Teil der Welt kann außer im Rahmen des Alls als Ganzes verstanden werden. So ist das Ganze das einzig Wahre. Für Hegel ist eine Ausrichtung des Denkens am Ganzen nur deshalb möglich, weil alles Wirkliche vernünftig und alles Vernünftige wirklich ist. Hegels Philosophie ist darauf ausgelegt, diesen zunächst doch erstaunlichen Satz zu illustrieren.

Zentral in seiner Theorie ist der Gedanke von der Geschichtlichkeit des Erkennens. D. h., das, was der Mensch erkennen kann und wie er es erkennen kann, ist abhängig von den historischen Verhältnissen. Zwischen Philosophie und Weltgeschichte bestehen enge Beziehungen, in beiden wirkt das gleiche Prinzip, das »Absolute«, der Geist. Interpretierte man die Philosophie in der abendländischen Tradition stets als ein bloßes Streben nach Wahrheit, so ändert sich das mit Hegel. Für ihn kann sich die Philosophie über das Endliche erheben und das Unendliche begreifen.

Um zu verstehen, was das bedeutet, müssen wir uns Hegels Methode, der *Dialektik*, zuwenden. Im dialektischen Prozeß, der dem Hegelschen System zugrundeliegt, lassen sich drei Stadien oder Momente unterschei-

---

Dialektik

Dialektik (griech.: dialektiké=Unterredungskunst) meint bei Platon die aus der Diskussion gegensätzlicher Meinungen erwachsende Wissenschaft. Ihr ursprünglicher Ort ist der Dialog.

Nach Hegel ist die Dialektik jene Gesetzmäßigkeit, die sowohl dem Denken als auch der Wirklichkeit zugrundeliegt. Charakteristisch für die Dialektik ist es, daß sie Widersprüche als Momente des Werdens in einem Ganzen zeigt. Der dialektische Gang umfaßt drei Stufen: These, Antithese, Synthese. Jede These (Behauptung) birgt hierbei schon ihre Antithese (Gegenbehauptung) in sich. Beide werden in der Synthese, also in einem höheren und allgemeineren Begriff aufgehoben. »Aufheben« hat hierbei den dreifachen Sinn von »beseitigen«, »bewahren« und »auf eine höhere Ebene hinaufheben«. Auf dieser Ebene erscheinen These und Antithese nicht mehr als sich ausschließende Gegensätze. Man könnte in diesem Sinne die Philosophie Kants als Synthese anführen, in der die Anliegen des Rationalismus (These) und Empirismus (Antithese) aufgehoben sind. Die Synthese wird dann selbst zu einer neuen These, der dialektische Prozeß beginnt erneut. So geht es weiter, bis schließlich die Welt als Ganzes begriffen wird. D. h.: Die volle Bedeutung von etwas entsteht aus der Betrachtung all seiner möglichen Verbindungen, also dadurch, daß man es in den Zusammenhang der ganzen Welt stellt.

den: Erstens wird in der These ein besonderer Inhalt ergriffen und damit absolut gesetzt. Zweitens wird die endliche Bestimmtheit des Inhalts als solche durchschaut und deshalb in der Antithese als absolute verneint oder negiert. Die Negation stellt nach Hegel die eigentlich dialektische Stufe des Denkens oder den Motor der Philosophie dar. Auf einer dritten Stufe schließlich, der positiv-vernünftigen, werden These und Antithese in der Synthese aufgehoben; in einer höheren Einheit wird die Anerkennung des negierten Inhalts vollzogen. Das bedeutet für das Beispiel des für Hegel wichtigen politischen Verhältnisses von einzelnem und Staat: Das Individuum erkennt sich erstens als frei und auf sich selbst bezogen. Es setzt sich damit gewissermaßen absolut (These). Dann aber gerät es zweitens notwendig mit der Freiheit anderer Individuen in Widerspruch (Antithese). Drittens schließlich werden die Gegensätze im Staat aufgehoben, die einzelnen Momente werden bestätigt, die Widersprüche lebbar gemacht (Synthese).

Die Dialektik stellt nach Hegel nicht nur die Form unseres Denkens dar, sondern ist die eigentümliche Form der Selbstbewegung der Wirklichkeit. Die Selbstbewegung des Denkens und die Selbstbewegung der Wirklichkeit bilden im Grunde den gleichen Prozeß. Geschichtliche Ereignisse sind für Hegel nicht zufällige Erscheinungen, sie bilden vielmehr notwendige Phasen innerhalb eines als organische Einheit verstandenen Ganzen. Die richtig begriffene Geschichte erscheint nunmehr als Erinnerung des Geistes.

Die Selbstentfaltung des Geistes im Weltprozeß erfolgt nach dem dialektischen Gesetz in drei Entwicklungsstufen. Damit ist auch der Aufbau der Philosophie in Logik, Naturphilosophie und Philosophie des Geistes gegeben: Die Logik betrachtet den Geist oder die Idee an und für sich in ihrer reinen Innerlichkeit, d. h. ohne Hülle im reinen raum- und zeitlosen Zustand. Sie ist die Darstellung Gottes, wie er vor der Erschaffung der Natur und des menschlichen Geistes war. Nach Hegel ist die an Raum und Zeit gebundene Natur der ins Äußere entfaltete Geist oder die Idee in ihrem Anderssein. Mit ihr beschäftigt sich die Naturphilosophie. These ist also die Innerlichkeit des Geistes in der Logik, Antithese seine Äußerlichkeit in der Naturphilosophie. Bleibt noch die Synthese: die Philosophie des Geistes. Sie schildert die Rückkehr des Geistes aus seiner Selbstentäußerung in die Natur zu sich selbst im menschlichen Geist. Dies geschieht, indem das Absolute wissend sich selbst begreift. Hegel sieht den Höhepunkt der Verwirklichung des Geistes in der Philosophie gegeben. Hier wird das in der Kunst bloß Angeschaute und in der Religion bloß Vorgestellte in die reine Form des Gedankens umgesetzt. Der Geist ist durch den dialektischen Prozeß hindurch nunmehr ganz bei sich selbst angelangt. Der Weg des Absoluten zu sich selbst ist abgeschlossen, alles Fortschreiten ist beendet.

Sören Kierkegaard (1813–1855) gilt als Vorläufer der Existenzphilosophie des 20. Jahrhunderts. Er wendet sich gegen die Existenzlosigkeit des Denkens. Seine Kritik richtet sich vor allem gegen Hegel, der die Existenz aus seinem Denken verbannt und so den Typus des abstrakten Denkers geschaffen habe. Das abstrakt-allgemeine Denken sieht ja gerade ab vom konkreten Werden und der Not des Existierenden. Nach Kierkegaard hat die Philosophie dagegen allein ihren Sinn im Hinblick auf die konkrete Existenz des Menschen. Denn alles Erkennen verhält sich zu einem Erkennenden. Dieser aber ist wesentlich Existierender. Nicht das Erkennen der Wahrheit ist somit entscheidend, sondern das Leben aus der Wahrheit. Kierkegaard schildert Sinnlosigkeit und Zerbrochenheit der Welt, die aus der Angst und Verzweiflung resultieren, die allein der Glaube an Gott zu überwinden vermag. In Ablehnung des offiziellen Christentums fordert er, existentiell zu denken und ganz dem Absoluten in Hingabe an die christliche Wahrheit zu leben.

Arthur Schopenhauer (1788–1860) betont mit Kant, daß die Welt nur als Vorstellung (Erscheinung) im Bewußtsein des Vorstellenden ist. So reicht unser Erkennen nicht über die Vorstellung hinaus. In unserem Wollen jedoch erleben wir, in der Erfahrung unseres Leibes, uns selbst und die Welt als das, was sie an sich sind: als Wille. Der Wille ist das Ding an sich. Er liegt allen Erscheinungen zugrunde und ist das innerste Wesen von allem, was ist, von der Schwerkraft bis hin zum Selbstbewußtsein. Das Wesen des Willens sieht Schopenhauer allein im blinden Streben, im vernunftlosen Drang, der in keinem Ziel ein endgültiges Ende findet. Keine Befriedigung ist von Dauer, Leben ist Leiden. Aus dem Leiden gibt es keine andere Rettung als die Verneinung des Willens zum Leben. Kurzfristige Ruhe findet der Mensch deshalb im interesselosen Anschauen der Ideen der Kunst und vor allem in der Musik. Eine endgültige Verneinung des Willens bietet jedoch allein die Überwindung des Leidens durch Verlöschung des Lebensdranges. Deutlich wird die Nähe Schopenhauers zu hinduistischen und buddhistischen Vorstellungen, die sich auch in seiner Ethik niederschlagen. Das Fundament der Moral bildet für ihn das Mitleid, nicht nur mit Menschen, sondern auch mit Tieren. Sie alle entspringen dem einen blinden Willen. In ihrem Leiden gilt es das eigene Leiden zu erblicken. Ihr Wohl wird, wie das eigene Leiden, wesentlich.

Unmittelbar nach Hegels Tod beginnt das eigentliche Zeitalter der Naturwissenschaften und der Technik, die einen großen Einfluß auf die Philosophie ausüben. Vor allem in Frankreich und England meldet sich der *Positivismus* zu Wort, der als radikaler Empirismus jegliche Metaphysik ablehnt.

Das System des Positivismus wurde von Auguste

Positivismus

Der Positivismus stellt eine von den Naturwissenschaften her bestimmte Theorie dar, die vom »Positiven«, d. h. vom in der Erfahrung Gegebenen, Tatsächlichen ausgeht. Metaphysische Erörterungen hält der Positivismus für theoretisch unmöglich und praktisch nutzlos. Er bildet somit eine besondere Ausprägung des Empirismus.

Ziel des Neopositivismus' der Gegenwart ist die Erneuerung und Präzisierung positivistischer Gedanken. Nach ihm besteht die alleinige Aufgabe der Philosophie in der Ausarbeitung der Logik und in der logischen Analyse der Sprache. Damit soll das Instrumentarium für wissenschaftliche Aussagen bereitgestellt werden. Bedeutende Vertreter dieser philosophischen Richtung sind Ludwig Wittgenstein (1889–1951), Rudolf Carnap (1891–1970) und auch Bertrand Russel (1872–1970).

Comte (1798–1857) begründet. Nach Comte vollzieht sich das menschliche Erkennen in drei Stadien. Das erste Stadium ist das theologische. Hier werden die Naturvorgänge nicht empirisch erforscht, sondern durch das Wirken übernatürlicher Wesen oder persönlicher Götter begriffen. Im zweiten Stadium, dem metaphysischen, werden die übernatürlichen Wesenheiten durch abstrakte ersetzt. In diesem Stadium, das im Grunde verkappte Theologie ist, herrscht noch der Glaube, man könne das innere Wesen der Dinge erkennen. Die Unmöglichkeit dieser Art von metaphysischer Erkenntnis wird im dritten Stadium, dem positiven oder wissenschaftlichen, begriffen. Die Erkenntnis stützt sich hier allein auf die erfahrbaren Tatsachen. Aufgrund von Beobachtung und Experiment werden die Zusammensetzungen der Erscheinungen aufgespürt. Die sich als konstant erweisenden Zusammenhänge werden als allgemeine Gesetze ausgesprochen.

Die Wissenschaften ordnen sich nach Comte in einer Hierarchie: Mathematik, Astronomie, Physik, Chemie, Biologie und Soziologie. Der Soziologie, also der Wissenschaft von der Gesamtheit der menschlichen Verhältnisse, hat Comte ihren Namen gegeben. Praktisches Ziel der Soziologie ist es, sichere Vorhersagen über gesellschaftliche Entwicklungen zu treffen, um so die sozialen Lebensbedingungen zu verbessern.

Karl Marx (1818–1883) und Friedrich Engels (1820–1895) begründen den dialektischen Materialismus. Sie übernehmen Hegels dialektische Methode, wenden diese aber nicht mehr auf das Werden des Geistes an. Marx will Hegel vom Kopf auf die Beine stellen. Nicht die Materie ist für ihn ein Produkt des Geistes (Idealismus), sondern umgekehrt, der Geist ist ein Produkt der Materie (Materialismus). Die Materie bestimmt das Bewußtsein.

Einen Sonderfall des dialektischen Materialismus bildet der »historische Materialismus«. Marx geht davon aus, daß die Materie das Bewußtsein vor allem in Form der gesellschaftlichen Verhältnisse bestimmt. Die Grundlage der menschlichen Entwicklung sieht er in den wirtschaftlichen Prozessen. Sie prägen die Geschichte. Alle anderen gesellschaftlichen Elemente wie Religion, Kunst, Philosophie usw. zählen zum »ideologischen Überbau«.

Die ökonomischen Klassenkämpfe bilden für Marx den eigentlichen Motor des geschichtlichen Geschehens. Unter »Klassenkämpfen« versteht er Widersprüche zwischen gesellschaftlichen Gruppen. Sie entladen sich in Revolutionen und bringen neue gesellschaftliche Formationen hervor. Folgende einander ablösende, progressive Gesellschaftsformen finden sich nach Marx im Verlauf der Geschichte: Urgesellschaft, antike Sklavenhaltergesellschaft, Feudalismus, moderner bürgerlicher Kapitalismus. Mit den dialektischen Veränderungen des ökonomischen Grundgeschehens wälzt sich auch der gesamte ideologische Überbau um. Er stellt lediglich eine Spiegelung des wirtschaftlichen Geschehens dar.

Wie einst das Bürgertum die Feudalherrschaft abwälzte, wird sich im letzten Klassenkampf der historischen Entwicklung die Klasse der Proletarier durchsetzen. Nach dieser Revolution heben sich die Klassen und der Staat auf in der klassenlosen Gesellschaft des Kommunismus.

Die Philosophie von Friedrich Nietzsche (1844–1900) ist stark beeinflußt von Schopenhauers Willensmetaphysik und dem Kampf-ums-Dasein-Prinzip des Darwinismus seiner Zeit. Nietzsche, der seine Philosophie als umgedrehten Platonismus bezeichnet, behauptet vom Christentum, es hätte wesentlichen Anteil an der Verweichlichung des Menschen und erzeuge eine Sklavenmoral der Schlechtweggekommenen. Gegen die griechisch-christliche Tradition verherrlicht er den Übermenschen, der sich durch Freiheit gegenüber den traditionellen Werten auszeichnet und nach Vitalität, Stärke und Macht strebt. Für den Übermenschen ist Gott tot. Er steht dem Herdenmenschen gegenüber, der sich immer noch im Diktat eines bloß erdachten Gottes beugt und einer Moral des Mitleids und der Schwäche huldigt. Nietzsches Vision vom Übermenschen ist verknüpft mit der von der »ewigen Wiederkehr des Gleichen«. Letzter Prüfstein des Übermenschen ist die Fähigkeit, den Gedanken von der »ewigen Wiederkehr« auszuhalten.

Nietzsches metaphysische These lautet: Alles was ist, ist Erscheinungsform des Willens zur Macht. Dieser Wille ist nicht wie bei Schopenhauer blind, sondern hat die Ziele Selbsterhaltung, Gewinn von Stärke und Macht, Steigerung des Lebensgefühls usw. Von hier aus versucht Nietzsche eine Umwertung aller Werte: Die überlieferten Werte sind verblaßt, die neuen Werte richten sich allein nach dem Willen zur Macht. Gut und Böse bestimmen sich zukünftig nach der Vitalität und dem Machtgewinn, die aus ihnen zu ziehen sind.

Der vielleicht bedeutendste Philosoph des 20. Jahrhunderts ist Martin Heidegger (1889–1976). Er übernimmt u. a. wichtige Motive der *Hermeneutik* Wilhelm Diltheys (1833–1911). Als Schüler und Nachfolger Edmund Husserls (1859–1938), dem Begründer der *Phänomenologie*, ist Heidegger maßgeblich an der Ausbildung der philosophischen Richtung der Existenzphilosophie beteiligt.

Wie die antiken und mittelalterlichen Denker stellt Heidegger in »Sein und Zeit« erneut die Frage nach dem Sein des Seienden. Hierbei begreift er das Sein nicht mehr wie jene als vorfindbare Tatsache, als Vorhanden-

---

Hermeneutik

Unter Hermeneutik (Kunst der Auslegung) versteht man die Lehre vom Verstehen und vom wissenschaftlichen Begreifen geisteswissenschaftlicher Gegenstände. Im späten 19. Jahrhundert wird das Problem des Verstehens der Geschichts-, Geistes- oder Kulturwissenschaft zugeordnet und der kausal erklärenden Methode der Naturwissenschaften gegenübergestellt. Vor allem Dilthey erkennt die Bedeutung der Hermeneutik. Er fordert, jeden Einzelinhalt aus dem Ganzen des Lebens im nachfühlenden und erlebenden Mitvollzug zu verstehen. Nach Heideggers »Sein und Zeit« ist Verstehen die Seinsweise des Menschen. Hermeneutik ist für ihn Auslegung des ursprünglichen Selbst- und Seinsverständnisses des (menschlichen) Daseins.

Phänomenologie

Unter der Phänomenologie versteht man die Lehre von den Phänomenen oder Erscheinungen. Als eigene philosophische Richtung wird die Phänomenologie von Edmund Husserl begründet. Er bedient sich der »phänomenologischen Methode«. Diese sieht von der Frage ab, ob ein Erkenntnisgegenstand auch unabhängig von meinem Bewußtsein, »wirklich« ist. Ziel der phänomenologischen Methode ist es, zum reinen, in den Phänomenen sich identisch durchhaltenden Wesen vorzudringen.

heit. Die Frage nach dem Sein des Seienden stellt sich für ihn zunächst angesichts jenes Seienden, das wir selbst sind. Heidegger befragt also das Menschsein oder Dasein nach seinem Sein. Dabei zeigt sich, daß das Dasein (der Mensch) sein Sein nicht einfach hat wie die vorfindbaren Dinge, sondern zu ihm in einem Verhältnis steht. Das Dasein in seine Grundverfassung des »In-der-Welt-seins« muß sich immer wieder neu um sein Sein sorgen. Sein ist also nicht eine vorfindbare Wirklichkeit, sondern bedeutet ein persönliches, aufgegebenes, von jedem zu entwerfendes Sein. Es meint das Sein des Menschen zu etwas hin, und sei dieses etwa auch der Tod oder das Nichts. Heidegger versteht somit unter »Existenz« das Sein-zu, das der Mensch immer selbst zu sein, zu entwerfen hat. In der Existenz sieht er das Wesen des Daseins. Die Existenzphilosophie will nun die Existenz auf ihre Strukturen, die Existenzialien hin untersuchen. Nach Heidegger gibt es zwei Möglichkeiten, sein Selbst zu sein: Eine eigentliche und eine uneigentliche Seinsweise (Existenzial). Letztere nennt er das »man«, im Sinne von »was man tut«. In der Seinsweise des »man« ist das Dasein auf der Flucht vor sich selbst in die

Öffentlichkeit der Neugier und des Geredes. Anders die Seinsweise der Eigentlichkeit. Sie will dem »man« abgerungen werden durch die Freiheit der Entschlossenheit und des Gewissenhabenwollens. Erst in der Eigentlichkeit gewinnt der Mensch wahre Selbständigkeit.

Das Entwerfen von Möglichkeiten, das Vorlaufen und Voraus-sein zu ihnen, das Verfallen an Umwelt und Gerede als Sein-bei sowie das Immer-schon-sein-in als Geworfenheit und Durchängstigtes erschließt die Struktur das Daseins als Sorge. Sorge ist vor allem ein »Sich-vor-weg-sein« von der Gegenwart weg auf die Zukunft hin. Sie enthüllt sich noch tiefer als Zeitlichkeit. Das Sein des Daseins ist die Zeit in den drei Erstreckungen (Ekstasen) von Zukunft, Vergangenheit und Gegenwart. Indem der Mensch seine Möglichkeiten – besonders die einzigartige und beängstigende Möglichkeit des Todes – auf sich zukommen läßt, ist er zukünftig. Hierbei kommt er immer schon auf sein Gewesen-sein, sein Erbe, seine Vergangenheit zurück, um zugleich immer Welt und Menschen für sich anwesend, d. h. gegenwärtig sein zu lassen. Indem sich das Sein des Daseins auf diese Weise vollzieht, ist es in seinem Wesen als geschichtlich und somit endlich bestimmt.

Jean Paul Sartre (1905–1980) ist der Hauptvertreter des französischen Existentialismus. Für ihn ist der Mensch absolute, schrankenlose Freiheit, der erst sein Wesen und die Werte des Daseins selbst bestimmen muß. Ohne Gott und ohne Normen ist der Mensch zur Freiheit verurteilt. Er muß sich in immer neuen Anläufen und Entwürfen aus dem Nichts zu dem machen, was er ist. Da der Mensch notwendig, jedoch vergeblich danach strebt, ganz er selbst zu sein, und so sein Ende seines Strebens zu erreichen, erweist sich all sein Entwerfen und Bemühen als nutzlose Leidenschaft, als Absurdität. Diese Absurdität der Freiheit wird in der Angst erfahren.

Innerhalb der Gegenwartsphilosophie nimmt die in

Fortsetzung des Neopositivismus in England entwickelte analytische Philosophie eine bedeutende Stelle ein. Sie ist wesentlich geprägt von Ludwig Wittgenstein (1889–1951), Bertrand Russel (1872–1970) und Georg Edward Moore (1873–1958). Die Bezeichnung analytische Philosophie bezieht sich auf eine philosophische Sprachanalyse. In der Philosophie stellt die Analyse die Methode dar, komplexe Ausdrücke in einfachere aufzulösen. Ihr Bereich ist die Sprache. Die analytische Philosophie stellt somit eine Untersuchung der Sprache in all ihren Wirklichkeitsbezügen dar. Ihre Gegenstände sind nicht Sachverhalte, Ereignisse oder Dinge, sondern Aussagen, Begriffe, Axiome und Prinzipien. Im Einzelnen beschäftigt sie sich mit der Klärung von Ausdrükken, der Bedeutung von Begriffen und Aussagen sowie dem Kontext ihres Gebrauchs in der Rede. Weiterhin entscheidet sie darüber, ob Beschreibungen logisch richtig sind oder nicht. Hierbei versteht sie sich als Instrument, philosophische Lehren von sprachlichen Unklarheiten zu befreien.

Charakteristisch für die analytische Philosophie, besonders in ihrer frühen Phase, ist eine prinzipielle Wendung gegen die Metaphysik. Damit verbunden ist die Forderung nach eindeutigen Kriterien zur Überprüfung des sinnvollen Charakters von Aussagen, z. B. logische Stimmigkeit, intersubjektive Überprüfbarkeit, Eindeutigkeit.

Kennzeichnend für die »Postmoderne« der Gegenwart ist, daß die großen Universalkonzepte der Moderne zurückgewiesen werden. Deren umfassender Wahrheits- und Geltungsanspruch wird verneint und durch einen radikalen Pluralismus ersetzt. Es handelt sich hierbei um einen Pluralismus von Wissensformen, Lebensentwürfen und Handlungsmustern, die ohne Ausschließlichkeitsanspruch koexistieren. Philosophische Universalkonzepte der Moderne sind z. B. die Systementwürfe

Strukturalismus

Der Strukturalismus stellt zunächst eine Theorie der Sprache dar, die auf Ferdinand de Saussure (1857–1913) zurückgeht. Saussure unterscheidet zwischen aktuellem individuellem Sprechen (frz.: parole) und der Sprachstruktur, die eine Sprachgemeinschaft willkürlich festlegt und zur Konvention erhebt (frz.: langue). Gegenstand des Strukturalismus ist diese überindividuelle Sprachstruktur, aus der versucht wird, Gesetze zu entnehmen und sie mit mathematischer Genauigkeit zu beschreiben. Die vom Strukturalismus untersuchten Sprachmodelle werden methodisch auf den gesamten Bereich des menschlichen Verhaltens, besonders auf die gesellschaftlichen Phänomene ausgedehnt. Hierbei wird zu zeigen versucht, daß sich die Unterschiede verschiedener Sprachen (Linguistik), Völkerkulturen (Ethnologie) und Epochen auf systemische Strukturkomplexe zurückführen lassen. Der Strukturalismus will antigeschichtlich und antimetaphysisch vorgehen. Bedeutende Vertreter sind der Ethnologe Claude Levi-Strauss (geb. 1908) und der Philosoph Michel Foucault (1926–1984).

Hegels und Marx. Sie beanspruchen in irgendeiner Form, das Natur, Mensch und Gesellschaft umfassende Ganze verbindlich auf den Begriff zu bringen. Diesem Anspruch verweigert sich die Postmoderne. Sie setzt an die Stelle von Universalkonzepten einen prinzipiellen, antitotalitären Pluralismus. Die postmoderne Pluralität ist daher mit Freiheitsgewinn verbunden. Der Postmoderne zugerechnet werden Denker wie J. Baudrillard (geb. 1929), J. F. Lyotard (geb. 1924) sowie der französische *Strukturalismus* (M. Foucault, J. Derrida (geb. 1930).

VII. Die Abgrenzung zu anderen Wissenschaftsbereichen

Fragen wir abschließend nach dem Verhältnis von Philosophie zu Einzelwissenschaften, zu Religion und Kunst. Im folgenden sollen die zentralen Abgrenzungen deutlich gemacht werden.

1. Die Philosophie und die Einzelwissenschaften

Die Philosophie zielt als Theorie der Gesamtwirklichkeit auf das Ganze dessen, was ist. Damit unterscheidet sie sich von den Einzelwissenschaften, deren Gegenstandsbereich einen ganz bestimmten Teilbereich der Erfahrung darstellt. Den Gegenstandsbereich der Botanik bilden die Pflanzen, den der Petrographie die Steine. Die Pflanzen und Steine werden von der Botanik bzw. Petrographie wissenschaftlich bestimmt. Die Einzelwissenschaften sind also methodisch abstrakt. D. h.: Aus der Gesamtheit möglichen Wissens reservieren sie sich durch Abstraktion vom Ganzen einen bestimmten Teilbereich, den sie zu erfassen suchen. Hierbei stellen sie nur solche Fragen, deren Beantwortung innerhalb ihres Gegenstandsbereichs möglich sind.

Die Philosophie versucht dagegen, den Erfahrungsbereich zu überschreiten, indem sie nach den letzten Gründen und Bedingungen des Seienden und der Erfahrung fragt. Diese können aber selbst nicht Empirisches sein, keine Erfahrungsdinge neben anderen, sollen sie doch Erfahrung erst ermöglichen. Weiterhin gilt: Wo wir philosophische Fragen stellen, sind wir nicht bloße Zuschauer, sondern selbst Gegenstand in diesem Fragespiel. Die Philosophie unterscheidet sich von den Einzelwissenschaften durch eine Distanz zur Vielzahl der Phänomene. Sie ist nicht primär daran interessiert, ein

Der Aufgabenbereich der Philosophie und ihre Differenz zu anderen Wissenschaften

PHILOSOPHIE
REALWISSENSCHAFTEN
Sozial- und Wirtschaftswissenschaften
Wirtschaftswissenschaften
Rechtswissenschaften
Soziologie
Geisteswissenschaften
Geschichte
Sprach- u. Lit.-wissenschaften
Kunstwissenschaften
Physik
Chemie
Biologie
Naturwissenschaften
Strukturwissenschaft
Logik
Mathematik
Formalwissenschaften

bestimmtes Seiendes als solches und für sich zu bestimmen. Indem sie vielmehr nach der Seiendheit als Seiendheit fragt, geht es ihr um den Versuch einer Totaldeutung der Wirklichkeit, der die Vielfalt der Erscheinungen der Welt gleichsam auf einen Nenner bringen will. Es gibt hier verschiedene Antwortversuche auf die Frage nach dem Ganzen, etwa: Wasser, Apeiron, Logos, die Ideen und in der Neuzeit die Ichheit.

2. Die Philosophie und die Religion

Für die meisten Philosophen seit Platon bilden die Grundthemen der Philosophie: das verstehende Ausle-

90

gen von Welt (Weltorientierung), die Erhellung des eigenen Selbst (Existenzerhellung) und das Übersteigen von Welt und Existenz auf ein beide Umgreifendes hin (Metaphysik). Verstehen wir unter Religion eine Weise des menschlichen Existierens in bezug auf einen letzten Sinngrund, der die Deutung des Seienden im ganzen sowie aller einzelnen Seinsbereiche betrifft, dann zeigt sich: Auch jede Religion vollzieht im Grunde die genannten Grundzüge der Philosophie.

Der entscheidende Unterschied zwischen beiden besteht in folgendem: Philosophie versteht sich als Vernunftwissenschaft. Ihr Fragen nach den Bedingungen der Möglichkeit von Erfahrung überhaupt geschieht ausschließlich als Anstrengung der menschlichen Vernunft. Anders die Religion: Hier hat der Gläubige die Gewißheit, daß der göttliche Sinngrund, das Absolute, von sich her offenbar und erfahrbar wird und gleichsam von außen an ihn herantritt. Religiöser Glaube versteht sich als etwas, das die Möglichkeiten übersteigt, die der Mensch von sich aus hat. In diesem Sinne ist Glaube ein Geschenk Gottes, ist Glaube Gnade.

Der Unterschied von Religion und Philosophie wird nun deutlich: Die letzte Instanz der Religion ist ein, wie auch immer gefaßtes, sich offenbarendes Göttliches. Die letzte Instanz der Philosophie ist allein die Vernunft. Das Verhältnis von Religion und Philosophie wird oft als das von Glauben und Wissen bestimmt.

3. Die Philosophie und die Kunst

Gewöhnlich teilt man die Künste ein in Musik, Dichtung, bildende Künste (z. B. Malerei, Bildhauerei, Architektur) und darstellende Künste (z. B. Theater, Tanz, Film). Wie Religion und Philosophie vollzieht auch die Kunst die Grundfunktionen der Weltorientierung, Existenzerhellung und Metaphysik. Es ist charakteristisch für sie, daß sie keinem ihr äußeren Zweck unterworfen ist. Im Unterschied zum handwerklich-technischen Produzieren hat sie ihren Zweck ganz allein in sich selbst. Weiterhin teilt Kunst mit. Sie ist kommunikativ. Hierbei gilt es zu unterscheiden zwischen dem, was mitgeteilt wird, also dem geistigen Gehalt, und dem Medium, dem Material, in dem mitgeteilt wird. Beide Seiten sind im Kunstwerk aufgehoben zur Einheit von Gehalt und Material.

Der Unterschied von Philosophie und Kunst besteht nun darin, daß Philosophie die genannten Grundfunktionen allein im Medium der Vernunft vollzieht. Die Kunst hingegen vollzieht diese Grundfunktionen im Medium des Materiellen. In der Kunst kommt so das Geistige im Sinnlichen zur Anschauung. Das Wahre der Philosophie liegt in der zwingenden, vernünftigen Argumentation, das Wahre der Kunst in der Vollkommenheit der Darstellung.

Weiterführende Literatur

Anzenbacher, Arno: Einführung in die Philosophie. Wien 1992.

Bloch, Ernst: Leipziger Vorlesungen. 4 Bde. Frankfurt a. M. 1985.

Bormann, Karl: Platon. Freiburg i. Br./München 1973.

Bröcker, Walter: Platos Gespräche. Frankfurt a. M. 1985.

ders.: Aristoteles. Frankfurt a. M. 1974.

ders.: Kant über Metaphysik und Erfahrung. Frankfurt a. M. 1970.

Descartes, René: Meditationen über die Grundlagen der Philosophie. Hamburg 1977.

Ferber, Rafael: Philosophische Grundbegriffe. München 1994.

Flasch, Kurt: Das philosophische Denken im Mittelalter. Stuttgart 1986.

Heinzmann, Richard: Philosophie des Mittelalters. Stuttgart/Berlin/Köln 1992.

Hersch, Jeanne: Das philosophische Staunen. München 1988.

Hirschberger, Johannes: Geschichte der Philosophie. 2 Bde. Freiburg i. Br. 1976.

Horkheimer, Max: Gesammelte Schriften. Bd. 9. Vorlesung über die Geschichte der neueren Philosophie. Frankfurt a. M. 1987.

Jaspers, Karl: Was ist Philosophie? München 1980.

Kirk, Geoffrey S./Raven, John E./Schofield, Malcolm: Die vorsokratischen Philosophen. Stuttgart 1994.

Mansfeld, Jaap: Die Vorsokratiker. Stuttgart 1987.

Marx, Werner: Einführung in Aristoteles Theorie vom Seienden. Freibug i. Br. 1972.

Noack, Hermann: Allgemeine Einführung in die Philosophie. Darmstadt 1991.

Ricken, Friedo: Philosophie der Antike. Stuttgart/Berlin/Köln/Mainz 1988.

Röd, Wolfgang (Hrsg.): Geschichte der Philosophie. 12 Bde. München 1976 ff.

Russel, Bertrand: Denker des Abendlandes. Stuttgart 1976.

ders.: Probleme der Philosophie. Frankfurt a. M. 1967.

Speck, Josef (Hrsg.): Grundprobleme der großen Philosophen. 9 Bde. Göttingen 1972 ff.

Stegmüller, Wolfgang: Hauptströmungen der Gegenwartsphilosophie. 4 Bde. Stuttgart 1987/1989.

Vorländer, Karl: Geschichte der Philosophie. 3 Bde. Reinbek bei Hamburg 1990.

Wuchterl, Kurt: Grundkurs: Geschichte der Philosophie. Bern/Stuttgart 1990.

Stichwortregister

Verzeichnis der Grafiken

Die Abbildungen auf den Seiten 22 sowie 56/57 sind dem dtv-Atlas zur Philosophie von Peter Kunzmann/Franz-Peter Burkard/Franz Wiedmann entnommen, Graphiker: Axel Weiß. © 1991 Deutscher Taschenbuch Verlag, München.

HEYNE BÜCHER

Stichwort

Information und Wissen in kompakter Form.
»Die Taschenbuch-Reihe gibt knappe, übersichtliche und
aktuelle Auskünfte zu den jeweiligen Themen.«

WESTFÄLISCHE RUNDSCHAU

Wilhelm Heyne Verlag
München